保護者のてびき③

〜生活編〜

日本学習図書
代表取締役社長
後藤　耕一朗

まえがき

本書をお買い上げいただき、ありがとうございます。

本書は『ズバリ解決！　お助けハンドブック 学習編』に続き、保護者の方の代表的なお悩みにお答えする書籍です。「生活編」として、学習以外の、お子さまの発達や成長、受験期の生活、お子さまの性格について、それぞれ「成長編」「生活編」「性格編」としてまとめました。

◇　◇　◇

本稿を執筆している二〇二〇年五月は、新型コロナウイルス拡散防止のための、緊急事態宣言の最中です。ウイルスに感染することを防ぐため、三月から多くの教育機関が休校・休園し、四月に出された緊急事態宣言が延長されたことにより、五月いっぱいまでは、それが続く見通しになっています（この説明が「過去のもの」になっていることを切に願います）。オンラインでの授業も試みられていますが、特に小学校受験に臨むお子さまは、受験対策を、家庭教育のみで行っている状況です。多くの保護者の方も、手探りで家庭教育の見直しをされています。

本書は、そうしたいった保護者の方々のお悩みにお答えすべく、二〇一二年七月に発行された『保護者の悩みQ＆A』を、大幅改稿して発行するものです。

◇　◇　◇

本書では、さまざまな機会に保護者の方から寄せられたお悩みに回答する形で、お子さまに目を向けられるよう、アドバイスを執筆しました。「学習編」と同様、学習中と受験直前には、同じ悩みでも、異なるアドバイスが有効なので、二通りのアドバイスを併記しています。

本書「生活編」は、本書単体でお読みいただいてもご参考にしていただけるよう執筆しましたが、小学校受験では「生活即学習」つまり、ふだんの生活で、お子さまが何を身に付けてきたか、ということが問われます。

「学習編」と併せてお読みいただけると、アドバイスの全体像を、より深くお知りいただけることと存じます。

◇　◇　◇

『ズバリ解決！　お助けハンドブック 学習編』『ズバリ解決！　お助けハンドブック 生活編』は、弊社の「保護者のてびき」シリーズの二冊目・三冊目の書籍です。ご興味をお持ちの方は、シリーズ①『子どもの「できない」は親のせい？』も、ぜひお読みください。

読者の方々とお子さまにとって、小学校受験という機会が、楽しく、そしてワクワクしたものになれば、、筆者として望外の喜びです。

二〇二〇年五月二一日

日本学習図書
代表取締役社長　後藤耕一朗

保護者のてびき③

ズバリ解決！　お助けハンドブック　生活編

第2章　生活編……75

第3章　性格編……183

第１章

成長 編

成長と発達は、子育ての中心的なテーマです。テーマというよりも、子育てそのもの、と言った方が適切かもしれません。

子どもがどのように知識や技能を獲得するか、ということは、古くからのテーマですし、遺伝子情報を解析できる今でも、諸説が入り乱れている状態です。そして、保護者の方は、そのメカニズムがわからない状態で、お子さまの成長を支えるのですから、手探り状態になっても致し方ありません。

では、保護者の方は手をこまねいていてよいのか、といえば、もちろんそうではありません。お子さまを観察し、成長や発達に応じた手助けをする必要があります。ただし、お子さまを観察する際に、お子さま像を大きく変えてしまう要素があります。一つは、ほかのお子さまと比較すること、もう一つは、過大な期待を抱いてしまうことです。

本章では、保護者の方が抱きがちなお悩みに答えながら、お子さま像を正確にとらえるためのポイントについて記しました。

ついつい比べてしまう、ついつい「自分を棚に上げて」しまう、ということは、誰でもしてしまいがちです。ここでは、僭越ながら保護者の方ご自身が陥りがちな焦りや歯がゆさについても、指摘させていただきます。あしからずご了承ください。

Q1 早生まれなので、理解力や聞き取りが弱いように思います

毎日のアドバイス

聞き取る力を伸ばすためには、基本問題を口答でゆっくり出題します。応用問題には、その後で徐々に移っていきましょう。また、ふだんの読み聞かせを通して、お子さまの「お話を聞く力」を養いましょう。ほかにも、お手伝いの際に、保護者の方が「お皿を三枚、コップを一個テーブルに運んで」のように、やや複雑なお願いをすることも効果的です。そして、きちんと行動できた時には、褒めることを忘れないでください。

一度言っただけでは、なかなか理解できないお子さまには、指示を復唱させてください。お話を聞く力、理解する力は、一朝一夕で身に付くものではありません。毎日の生活を通して、徐々に身に付けることが大切です。

受験前のアドバイス

口頭やテープに吹き込んだ問題の、聞き取りの様子はいかがでしょうか。お子さまの得意なジャンルがあれば、その分野だけでもしっかりと練習を重ねてください。そうすれば、得意な分野を得点源にすることができます。直前になって全分野でパーフェクトを狙うよりも、得意な分野に全力投球することが、お子さまの自信につながります。

A1
毎日の生活の中で、徐々に身に付けましょう

Q2 三月生まれなので、勉強、運動ともに、みんなについていくのが難しく感じます

毎日のアドバイス

月齢による個人差は、確かにあります。三月生まれのお子さまが、四月や五月生まれのお子さまより理解力や体力が、やや劣ることはいたし方のないことです。そこで、合格しなければならない、という考えを、「この子はこの子のペースでがんばっている。プレッシャーを与え、ストレスを溜め込むよりは、楽しく生活して知識や体力が向上すれば最高」といった考えに切り替えてみませんか。お互いが楽になり、穏やかな指導ができて、お子さまの吸収力もかえって増すかもしれません。また、生まれ月を考慮して入試を行う学校もありますから、お子さまの性格と照らし合わせて、学校選択の一助にされるのもよいでしょう。

受験前のアドバイス

直前の対策として、志望校の過去問題をこなしていくことが挙げられます。過去問題をこなすことで、志望校の出題傾向が観えてきます。小学校受験で大切なのは、正答そのものではなく、解答までの思考プロセスです。試験前だからこそ、月齢でのハンデを気にするよりも、プロセスを重要視してください。月齢で差が出るような問題を出題する学校は、おそらく、入試の際に生まれ月を考慮しているはずです。また、入試だけに焦点を当てず、入学後に、のびのびと学校生活を送って、豊かな学力と体力を身に付けられるかどうかを学校選択の基準にすることも必要です。学力だけを基準にするよりも、お子さまのためになる選択ができます。

A2

入試にあたって月齢を考慮する学校を選ぶのも一考です

Q3　実技などでちゃんとできる時としない時があります

毎日のアドバイス

この時点では、できない時があっても構わないのではないでしょうか。試験だけを意識して申し上げれば、試験の時までにできるようになっていればいいわけですから。そう考えたら、気分は楽になりませんか。

取り組む際、お子さまだけにさせるのではなく、保護者の方も何かがんばっている姿を見せると、お子さまの励みになります。運動に関することなら、遊びを通して、少しずつ身に付けていけばよいでしょう。保護者の方はどっしりと落ち着いてください。躾では、意識付けが重要です。どちらも習得するまでに時間を要することですから、焦らず取り組むようにしてください。お子さまががんばった時、よくできた時は、必ず褒めてください。

受験前のアドバイス

オリンピックを思い出してください。出場する選手は、どの選手もその国を代表する選手ですが、全員が成功するとは限りません。成功の裏には、数多くの失敗があります。一流のアスリートですら失敗はつきものなのです。そう考えたら、お子さまの「でき」にムラがあっても仕方がないのではないでしょうか。どのお子さまも最初から失敗しようと思って取り組むはずはありません。そう考えて、保護者の方は、「運を天に任せて」お子さまの成功を祈りましょう。また、失敗をしたら一番ショックを受けるのはお子さまです。そのことを忘れずに保護者の方は、お子さまの一所懸命さを褒めましょう。

A3
失敗して一番ショックを受けるのはお子さまです

Q4　問題を理解できているかどうか不安です
Q5　理解度をはかりかねています
Q6　何を教えたらよいのか、わかりません

毎日のアドバイス

おそらく、問題集などを進めているものの、お子さまがそれを理解できているかどうか、という悩みかと拝察します。それは、お子さまが理解しているのかどうか、という保護者の方自身の不安ではありませんか？

まずは保護者の方が、問題を解いてみてください。保護者の方自身が、どのように理解したのかが、教えるきっかけになるはずです。

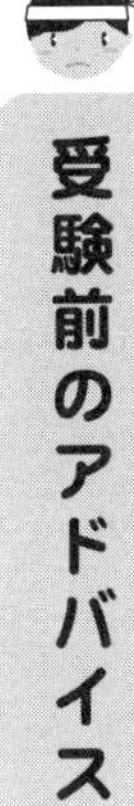

受験前のアドバイス

学習内容を理解しながら進むことが望ましいですが、ある程度の演習量を行うことも重要です。学習内容の定着は、自分が何を学習したのかを、お子さまなりに振り返りながら進みます。

保護者の方が経験された勉強には数年間の蓄積がありますが、お子さまにとっては、小学校入試は、はじめて経験するテストです。これまでの学習成果を振り返りながら、最後まで理解を深めていきましょう。

A4・5・6
まず保護者の方が、お子さまの学習内容にトライしてください

Q7　口答えが多く、なかなか素早く行動しません。
Q8　よく反抗するようになってきました

毎日のアドバイス

学習の時だけに限ったことでしょうか。ふだんの生活でも口答えが多いのではないでしょうか。学習の時に限っているとすれば、勉強が嫌いなのか、間違っていることが納得できず抵抗しているのか、何か不満があって行動しないのでしょう。「どうしてそのようなことを言うのか」お子さまに心の内を聞いてみるとよいでしょう。

もしかすると保護者の方の愛情を確かめるための一つの手段かもしれません。叱らずに向き合って話してください。反抗には必ず理由があります。どのような理由なのかまず知ることが肝心です。素直になろうとしているのに、そのきっかけをつかめないだけかもしれません。

受験前のアドバイス

直前になるとお子さまはさまざまなストレスから、自分をぶつけるところがなく、このような手段で助けてという信号を送っていることもあります。

口答えにしても必ず理由があります。ほとんどは不平不満でしょう。ではそれをどう受け止め、どう解決していくかが大事なところです。お子さまと話し合い、お子さまの考え方を変える必要があれば、わかるように教えてください。ただし、叱って押し付けることは解決にはなりません。成長していくには何度もこのようなことを繰り返していくでしょう。

A7・8

お子さまの声に耳を傾け
しっかり受け止めてあげましょう

Q9　グループで遊ぶことが苦手です

毎日のアドバイス

学校によってはグループ遊びを重視しているところもあり、その観点は、参加意欲や思いやり、協調性、創造力、工夫などです。

ふだんお子さまを観ていて、「これならばみんなと楽しく遊べるだろう」ということを探し、はじめは保護者の方もいっしょに遊び、少人数からだんだん人数を増やして遊べるようにしていくのがよいでしょう。みんなで遊ぶ楽しさがわかってくれば、大勢で遊べるようになります。遊んだ後に、楽しかったことを聞き出してください。

少しでも参加できたら、保護者の方はお子さまに楽しく遊べてよかったね、と具体的な言葉で、グループで遊ぶ喜びを認識させることも大切です。また、遊んでいる際に発生した小さなトラブルは、できる限りお子さまたちに解決を任せましょう。

受験前のアドバイス

やはり苦手と思われるのでしたら、お子さまのできることを探し、「あなたはこんなことが得意だよね、みんなとやる時はそれをしたらどう」とできることを褒め、一歩踏み出せるように声をかけてください。

全く遊ぶ気がないわけではなく、積極的に参加する勇気が出ないのでしょう。例えば、制作なら道具を運ぶことだけでもよいのです。何か自分のできることを見つけられるよう声をかけてあげましょう。

A9

できることを、いっしょに探してあげましょう

Q10 ハキハキと自発的に言葉が出ません（親がいると特にできません）

毎日のアドバイス

恥ずかしがり屋であることが原因だと思います。保護者の方の前では、特にできないということですが、保護者の方に、何か気兼ねすることがあるのでしょうか。個人差はありますが、多くのお子さまは保護者の方がいらっしゃると、照れながらでも張り切ります。一度お子さまと向き合ってお話しされるとよいでしょう。

人前で話すことが苦手なお子さまもいらっしゃいますから、一概に、ハキハキと話しなさい、という指導はできません。お子さまのタイプによって言葉がけを変える必要があります。

受験前のアドバイス

試験時期を考慮しますと、自分の意見は自分で言わなければいけない時ですが、それでも人には得意、不得意があります。不得意なことを指摘して直すのではなく、得意な分野を伸ばす指導を心掛けてください。しかし、どのタイプのお子さまであったとしても、話す時のマナーはしっかりと教えてください。「目を見て話す」「キョロキョロしない」「返事は『はい』」などです。

マナーについては、恥ずかしがり屋さんだからＮＧ、のように、お子さまの性格が試験で考慮されることはまずありません。なぜマナーを身に付ける必要があるのか、その意味をしっかりと伝え、少しずつできるようにしてください。

A10

恥ずかしがり屋さんでもＯＫ
ただし、会話のマナーは身に付けて

Q11 自分の思うように行動します

毎日のアドバイス

しなければならないことがある時は、それをするまで、ほかのことはさせない、といった毅然とした態度が、時には必要です。「まだ眠くないから寝ない、ではなく、寝る時間ですからおやすみなさい」というように、親子間での約束事をしっかり守らせましょう。

性格を直すには時間がかかります。おそらく思い通りにいかないことの方が多いでしょう。そのような時こそ自分の感情を鎮め、笑顔で対応してください。「褒める時はしっかり褒める、叱る時はしっかり叱る」ことをいつも心に置いた躾を心がけましょう。これは、試験に関わるから、という問題ではありません。お子さまのこれからのことを考えますと、このような振る舞いは絶対に直しさなければならないでしょう。

受験前のアドバイス

いけないことだとわかってしているのであれば、何か理由があるはずです。お子さまの思いを聞いてあげてください。理由がわかれば直しようもありますし、早く直すことができます。

しかし、わからないでこのような態度をとっているのであれば、根本から指導をしていかなければなりません。直前だからといって特効薬はありません。「毎日のアドバイス」をご参考に、できるだけ早めの対策を心がけてください。

A11
毅然とした態度で臨みましょう

Q12 思い通りにいかないとすぐに怒ることが多いのが気になります

毎日のアドバイス

原因として考えられることの一つとして、今までの「甘やかし」がこのような状況を招いたということがあります。そのような場合、責任は保護者にあります。

「甘やかし」と「愛情」とは明らかに違います。では、保護者の方は、お子さまが突然怒り出した時に、なぜ怒り出したのか、実はどうしてほしいのか、どこで上手くいかなかったのかをきちんと理解していますか？　その点について、お子さまと話し合っていますか？　おそらく「怒る」という行為にばかり目がいってしまい、つまずいた原因を理解していないのではないでしょうか。そのきっかけとなった点を修正しなければ、同じようなことを何回も繰り返します。

お子さまの年齢と同じ年月を保護者の方とともに過ごして、今があるのですから、正直なところ急に直るものではありません。急に直したところで、どこかにしわ寄せがきます。時間をかけ、じっくりと腰を据えて指導するしかありません。

言葉がけのポイントとしては、無理に強い力で修正させるようなことは言わず、お子さま自身が自分で気が付くのを促すような言葉がけを、気長に行うことです。

そして、保護者の方は毅然とした態度でお子さまと正面から向き合ってください。日常生活において、お子さまが悪いことをし、他人に迷惑をかけた場合は、親の責任として、子どもとともに相手に頭を下げる姿を見せることは最も大事な教育ではないでしょうか。子どもは親と無関係に勝手に育ったのではありません。「甘やかし」の一番の被害者はお子さまであることを忘れないでください。

受験前のアドバイス

率直に言いますと、「自己中心的」「わがまま」というのは、学校側が最も嫌うタイプに入ります。

学校は集団生活の場であり、協調性が求められます。自分一人思い通りにならないからといって、周りの人に対して迷惑をかけては、学級運営が上手くいきません。

保護者の方は、小学校の受験がすべてではなく、人生という長いスパンでお子さまのことを考えてください。この世の中は、思い通りにならないことがほとんどです。これからの人生を考えれば、こんなことは普通である、と考えるようにしてください。そう綺麗さっぱりと割り切って、受け止めることが肝要です。しかし、当然これだけでは身も蓋もありません。

試験直前のキーワードとしては、「愛情で包んだ豊かな安心感を与える」ことです。お子さまに媚びるのはなく、保護者の愛情に包まれているという気持ちになれるような雰囲気作りを心がけてください。保護者の方が抱きしめてあげることで、お子さまは安心感を得ることができます。お子さまが落ち着きを取り戻したところで、改めて伝えるべきことを、うやむやにせずしっかり伝えてください。

A12

「甘やかし」の一番の被害者はお子さまです

Q13　友だちがふざけるとつい引っぱられてしまいます。状況判断を子ども自身ができるようになって欲しいです

毎日のアドバイス

ほとんどのお子さまはそれほど意志が強いわけではありません。「つい……」ということは多々起こりえることです。なぜいけないのか、どうすればよかったのかを自分で考えることが大事なのです。時間をかけて話し合っていくことがよいでしょう。

大切なのは、失敗しながら身に付けていくことです。入試では、試験の待ち時間などに、行動観察としてお子さまの振る舞いを観られている場合があります。余裕を持ってしっかりした判断と、しっかりした態度をとれるよう、躾けておきましょう。

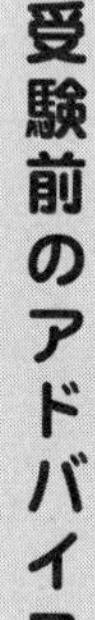

受験前のアドバイス

多分、わかっていても引っぱられるほど興味があったか、断れなかった理由があるはずですが、意志の弱い点が気になります。感情的にならずに話を聞き出し、考えさせてください。「きっと、○○ちゃんの止められない虫がそうさせてしまったんだね。その虫を今度追い出してね」などという声がけはいかがでしょうか。

入試直前は、お子さまなりのストレスから、予測もしないことが起きるかもしれません。その時、お子さまは「悪いことをした」と自責の念でハラハラしていることと思います。その上に重ねて叱るよりは、しっかり受け止めて話し合ってください。きっと保護者の方の愛情・思いが伝わるはずです。

A13

失敗しながら
どうすればよかったのかを話し合いましょう

Q14　自分の間違いをなかなか認められません

毎日のアドバイス

気の強いお子さまのようです。早い時期に、保護者の方はしっかりとした教育観をお持ちになり、お子さまに左右されないようにしてください。

まずは、今までの生活を振り返り、お子さまとの対応でよかった点、まずかった点を見つけ、少しずつ修正して実行してください。急な軌道修正はかえってお子さまに負担を与えることになり、逆効果となります。

お子さまはこのような状態の時、感情的になりませんか。そんな時は、「あなたが間違ったままでよいというのであれば仕方がない。お話は後でしましょう」と告げて、そのことについては打ち切りにしましょう。お子さまが冷静になり、話を聞けるような状態の時に、ゆっくりもう一度話しましょう。

保護者の方は、急がず、じっくりと構え、「正しいことは正しい」「間違っていることは間違っている」という毅然とした態度を心がけてください。

受験前のアドバイス

このようなお子さまの場合は、試験間近に難易度の高い問題に取り組まないようにすることです。間違えることで、自信をなくすことがあります。

直前にそのようになってしまった場合は修正するのは大変ですから、難易度の低い問題に取り組ませ、できた、という実感を持たせ、自信をつけさせることに重点を置いてください。

A14 急がずゆっくり軌道修正しましょう

Q15　幼稚園では自分のことや自分より下のお友だちのお世話ができるのに、家では甘えてばかりでやりません

毎日のアドバイス

外で懸命に働いて、家へ帰るとげんなりしてしまって何もなさらない大人の方は、たくさんいらっしゃいます。お子さまは幼稚園で自分より年下の園児さんの面倒を見てきて疲れている上に、帰宅すれば、お勉強という、あまり歓迎できないことが待っていれば、疲れも倍になるでしょう。

他人の面倒をみることは、すばらしいことです。お子さまはお子さまなりに、家の外では気を張ってがんばっています。その気疲れもあるのではないでしょうか。

確かに、自分のことを自分ですることも大切ですが、一度しっかり甘えさせてから、

するようにしてみてはいかがでしょうか。

幼稚園や保育園から帰宅したら、まずは「おかえり」と言って、しばらく今日あったことなどについて、話を聞いてあげましょう。それから「今から○○をしようか」と促すような言葉がけをします。もし、自分からできた時は、その都度褒めてあげてください。

幼稚園や保育園でできているから家でもできる、というのは大人の基準です。もちろん、しなくてよいと申し上げているのではありません。幼稚園や保育園でできることは、お家でもできます。だからこそ、自分から進んでできるような環境を整えることにウエイトを置くことが大事なのです。お子さまの自負心をくすぐってください。きっと疲れも吹っ飛んで、生き生きとした別人のようなお子さまになりますよ。

受験前のアドバイス

お子さまは疲れていませんか？　疲れがたまっている時に甘えが出たり、ぐずったりするお子さまが多いようです。そのような場合、まずは甘えを受け入れてあげましょう。精神的に疲れている時にいくら言っても、効果はありません。それどころか、お子さまを追い込んでしまう危険性もあります。

ですから、まずはお子さまの甘えを受け止め、ゆったりと会話を楽しんでください。会話を交わすことも、口頭試問や面接の練習になります。「試験が近いから勉強を」と、焦る心配はありません。

ある程度、時間が経ったら「さぁ、今度はこれをしようか。できたらいっしょに遊ぼうね」など、先の見える言葉がけをしてください。言葉をかける時も、できなかったことを指摘するのではなく、できたことを声に出して伝えてあげてください。

受験というのは、お子さまにとってもかなりのプレッシャーです。入試に向けて、心身ともに、「好調」を維持することを第一にお考えください。

また、受験の失敗を恐れていることの表れという場合も考えられます。原因はさまざまですから、状況を把握せずに叱るのは避けていただきたいと思います。

A15
疲れてげんなり……は子どもにだってあります　まずは話を聞くことから始めましょう

Q16　以前より落ち着きがなくなったのではと感じることがあります

Q17　子どもの行動面に関して、まだまだ落ち着きが足りない気がします

Q18　手足をもぞもぞさせたりと、時々落ち着きがありません

毎日のアドバイス

お子さまの成長を折れ線グラフに例えると、一直線の右上がりにはなりません。できるようになったと思ったら、できなくなったり、そしてそれを繰り返し、いつの間にかできるようになっているものです。

お子さまの成長を点で見ないようにしてください。点で見てしまうと、どのような経過を辿っているのか、判断がつきません。落ち着きについても同じです。何か行事

があったりすると落ち着きをなくすように、まだお子さまの精神は大人ほど安定していません。まずは、どうして落ち着きがないのか、気を散らす原因となっているものを把握してください。

そして、その原因となるものを取り除くか、できなければ環境を変えたり、時間を変えたりするなどの方法を考えることで、集中力が増します。

また「遊び足りない」ということも集中力を欠く原因となります。外で思いきり遊ぶことも大切ですから、集中力が切れたと思ったら、お子さまといっしょに、思いきり遊んでください。この時の遊びとは、室内でのゲームなどではなく、身体を使って遊ぶ「外遊び」です。散歩でもよいでしょう。遊んだ後、読み聞かせなど、興味のあることから取り組んでください。

受験前のアドバイス

まずは、何が原因で落ち着きをなくしているのか把握してください。もし、原因が特定されない場合、成長期における谷間の時なのかもしれません。そのような場合、無理に強い態度・口調で指導すると、精神的により不安定になります。

お子さまが学習時に落ち着きがない場合は、学習方法を変えてみてください。学習に飽きを感じているのかもしれません。例えば、ただ問題を解くのではなく作ってみる、お子さまが先生役で出題者になってみる、具体物を使用して基本的な学習を楽しく行う、などです。

精神的なことで落ち着きがない場合は、黙想などの精神統一を取り入れてみてもよいでしょう。また身体的なストレスからくるようでしたら、日曜日に家族みんなで身体を使って遊ぶことも有効です。「試験前の貴重な一日を……」とお考えになる方もいらっしゃるかと思いますが、この一日が、成功の一日になることもあります。遊ぶ際は、羽目を外すくらい思いきり身体を動かしてくださいね。

そして、その遊びの中に、時々、試験で行うような動きをさりげなく取り入れてみるとよいでしょう。この時の注意点としては、あくまでも「さりげなく」です。

保護者の方の心の余裕の問題もあります。試験が近づくと、お子さまの欠点が目に付くことでしょう。しかし、お子さまはまだ六歳です。ご自分と同じレベルを求めてはいませんか？　ほとんどのお子さまにとって、試験を受けることで自分の進路が左右される経験は、はじめてです。戸惑って当然です。

また、保護者の方の焦りがお子さまに影響していることもあります。保護者の方は、お子さまのよいところ、伸びたところに目を配り、声に出して伝えてあげてください。

A16・17・18
大きな目でお子さまを見て
時には思いきって体を動かして遊びましょう

Q19 最近、言い訳が多くなってきたのが気になります

毎日のアドバイス

お子さまにとって、定期的に勉強するのは、はじめての体験です。はじめは保護者の方の言葉に従って勉強をしてきたものの、少し疑問が湧いてきたのかもしれません。自我の発達、という意味では、それが正常でもあります。また、もっと後になってから、反抗という形で不満が噴き上がることの方が、処置が大変になります。

今のうちにお子さまの意見に耳を傾けてください。そこには、これから勉強を進めていくヒントが詰まっています。

受験前のアドバイス

受験勉強も佳境に差し掛かり、学習時間も増え、内容も難しくなっていることと思います。そんな中で、ふと不満や愚痴が口に出るのも、もっともなことだと思います。おそらく、保護者の方も、同じような不満や愚痴を我慢されているのではありませんか？
勉強疲れを払拭するには、遊んだり、休んだりといった、精神的な休息が必要です。お子さまといっしょに、思いきってストレスを発散させてください。

A19
勉強疲れには、精神的な休息をとることが不可欠です

Q20　子どもがなかなかやる気になってくれないので困っています

Q21　学習も運動もきちんとやればできるのに、持続性がなく、すぐふざけてしまいます

毎日のアドバイス

わからない時は保護者の方もごいっしょに問題を解いてみてください。運動もごいっしょにしてみてください。している時のお子さまの表情をご覧になりましたか？　辛さだけ感じ、楽しく行うことを知らないのではありませんか？　できた時の達成感、満足感の心地よさをぜひ体験させてあげたいものです。

それには、楽しいことも盛り込んだ計画をいっしょに立てましょう。最初は短時間で集中するよう時間を設定し、少しずつ伸ばしていくようにすることをおすすめします。

楽しみを入れた計画と短時間集中学習、保護者といっしょに立てた計画はきっと、

成功するでしょう。

また、持続性がなくふざけてしまうということですが、どのようなことでも、なぜするのか、始めたら最後までしっかりする、ということをわからせてください。

お子さまでなければできないことも、保護者の方でないとできないことも、最後まで責任を持ってしなければならない、ということを教えましょう。保護者の方が、嫌だからといってごはんを出さなければどうなるか？　物事を放り出すのは、それと同じことである、ということを理解させ、我慢することも、学習を通じてしっかり身に付けさせておくことが大切です。

受験前のアドバイス

持続力がなく、途中で諦めてしまっていたことについて、保護者の方はどのように対応していましたか？　お子さまが感情的になろうが、どうあろうが、保護者の方も策を講じないで、お子さまといっしょにあきらめていたのではありませんか？

なぜそれをするのか、嫌になったらどうしたらよいのかを、原点に戻ってお子さまとお考えください。

考えがまとまり、お子さまと約束をしてから、問題を進めるようにしていきましょう。できた時は、ありったけのうれしい感情をお子さまに伝えてください。

わからないとすぐに諦めてしまう、というくせは、お子さまのこれから先にとって、よいことではありません。受験だからそうするのではなく、お子さまのこれから先を考えて直していきましょう。

「誰でも、しなければならないことを最後まですることが責任を果たすこと、それがすばらしい大人である」

「あなたにもステキなお兄さん（お姉さん）になってほしい」このようなことを、例を挙げながら、しっかり教えてください。

「〜してくれない」「〜しない」と、すべての原因をお子さまに押し付けてはいけません。保護者の方の接し方一つで、お子さまは必ずよい方向へ進んでいくでしょう。

A20・21 いっしょに問題を解いてみてください

Q22　子どもの適応力で悩んでいます

毎日のアドバイス

まだ、適応力の判断ができるほど成長している年齢ではありません。これから先、いろいろなことを学び、さまざまな壁に突き当たり、適応力が付いていきて、自立していきます。悩むことはありません。まだまだスタートしたばかりです。長い目で見ていてください。

お子さまは自分の気持ちを訴えるのに、まだ言葉が不足していることや不器用であることから、泣いたり、反抗したりといった表現で訴えかけています。何より、精神的に自立できないため、親にべったりになっているのかもしれません。また、保護者の方も、過保護になりすぎてしまう部分があるのかもしれません。まずは、お子さまを信頼しつつ、依存心を少なくしていきましょう。

保護者の方は、お子さまの行動や考えを押さえつけるのではなく、信頼してさまざまなことを経験させましょう。このようなことから、お子さまの自立、独立心が育っていきます。守ることばかりでは自立しません。受験をする・しないを判断する前に、お子さまと話し合って聞き出してみてはいかがでしょう。

お子さまが親離れできないだけでなく、保護者の方が子離れしていないことが、お子さまの不安の原因とも考えられます。お子さまに、あなたが泣きやんできちんとしてくれるまで待っている、と伝え、毅然とした態度をとれるようになってください。自分で考え、自分で行動することを、見守ってあげましょう。

A22 お子さまの成長は、まだまだこれからです

Q23　落ち着きがなく、身だしなみも身に付いていません

毎日のアドバイス

身だしなみとは、高いブランド物を身に付けることではなく、人に不快感を与えないことです。遊んでいる時は別ですが、出かける時などに、どんなに高いブランドの服を着ていても、それが汚れていたり、ボタンが取れていたり、破れていたりしては、台なしです。また、だらしのない着方も身だしなみがよいとはいえません。まずはこのことを教えましょう。

幼児期のお子さまは、まだ不器用です。トイレに行った後、シャツをズボンの中に入れようにも手が回らず、裾が出ているお子さまも見かけます。学校によっては、入試の中で、着替えを観るところがありますので練習しておきましょう。

落ち着きは、歳を重ね、経験を積んでいくうちに出てきます。自分の興味のあるこ

とを落ち着いてできるのであれば、ほかのことも落ち着いてできるはずです。

また、お子さまに話しかける時には、ゆっくり話しかけ、何か気持ちの落ち着く時間、精神的ゆとりを持った方がよいでしょう。

受験前のアドバイス

この時期に落ち着きがないというのは、もともとの性格にもよるでしょう。

また、保護者の方の気持ちの焦りや、不安定な様子を感じとって、お子さまも落ち着かない、ということもありえます。それが原因でなければ、お子さまにゆっくりと話をするように注意をしていきましょう。

A23
まずは保護者の方が落ち着いたところを見せましょう

Q24 言葉遣いが悪いのですが どうしたらよいでしょうか。
Q25 悪い言葉をすぐに覚えて何かと使ったり 口答えをしたりするんです

毎日のアドバイス

その言葉はどこで覚えたのでしょう？　お友だちから、ということもありますが、テレビなどの影響はありませんか？　または、保護者の方が、ふだん使われている言葉遣いを真似ていませんか？

悪い言葉を最初に使用した際、どのように指導をされましたか？　なぜよくないのか、きちんとした説明が必要です。テレビなどから覚える言葉遣いは、よい悪いの判断より面白い、おかしい、楽しい、という判断で覚えて使います。子どもは後天的に言葉を身に付けていったので、お子さまの言葉遣いをみれば、どのような家庭環境かが把握できる、とも言われています。お子さまの言葉遣い・行動は、保護者の方の責任でもあるのです。

まずは、ご自身の生活全般を見つめ直し、お子さまにとってよい環境を作り上げましょう。言葉はその人の品格を表すことの一つでもあります。口答えが多いということも、ご家族の中に「はい」「ごめんなさい」と言えず、反論する方がいらっしゃいませんか。見渡してみてください。

お子さまは、都合の悪いこと、真似て欲しくないことは早く覚えます。ご注意ください。ただ「だめ」と言うではなく、どうしてよくないのか、どうすればお子さまが光って見えるか、言葉一つで、とても素敵に見えることを納得させていきましょう。

受験前のアドバイス

身に付いた言葉遣いは、急には直りません。若干の修正はできたとしても、気を抜いた時にふだん使用している言葉が出てしまいます。

こういった現実は、小学校を取材していると、よく耳にすることです。もちろん、学校側はお子さまの責任としてではなく、保護者の指導力として観ていますし、採点しています。身に付いた悪い言葉遣いは、時間をかけて直すことが、お子さまにとって必要なのではないでしょうか。また、口答えなのか、単なる意見を言っているのかについては、なかなか判断しにくいところですが、受け取る側の気分が平常心であるか、平常心を保てない時なのかによって、感じ方が異なるでしょう。

まずお互いに人の話をしっかり聞くこと、聞いた上で自分の意見として話をすること。これはお互いに相手の話を受け入れることであり、相手の意見を尊重することです。保護者の方がまずお手本を示してください。力で押し切って黙らせても、次に出る言葉は反発の言葉だけです。はじめから口答えで挑もうなどと思っているお子さまはいないはずです。お子さまの目を見てください。話を聞いてあげてください。そして保護者の方の意見も聞くように指導していきましょう。

突貫工事はできません。保護者の方は、先のことまできちんと考えて接してください。

A24・25　すべてはしっかり話を聞くことから始まります

Q26 時折、反対のことばかり言うようになります

毎日のアドバイス

お子さまが保護者の方を見る時の目つきはいかがですか。もしかすると、これは反抗の現れで、疲れた、嫌だ、あるいは私を気にかけて、というようなサインではないでしょうか。

お子さまが、保護者の方の愛情が満ち足りない、と感じていることが原因ではないかと思われます。ほとんどのお子さまは、自分から受験を望み、過酷な日々を送ることを望んだわけではないはずです。何かの時のきつい言葉が、突き放されたと感じ、寂しいのかもしれません。コミュニケーションを多くとるように心がけましょう。

また、反対のことを言った際、決して怒らないでください。大らかな対応で、いつも思っていることがお子さまに伝われば素直になってくれるでしょう。

「あなたのためよ」という押し付けは、理解できないと思います。それよりは何かをいっしょにしてみて汗をかいてはいかがですか。

受験前のアドバイス

この時期になって反対のことを言い出したのは、お子さまが考えた末の、反抗の一つの手段でしょう。ほかのさまざまな反抗が現れないうちに、保護者の方の対応を見直してください。不平不満、要求があるはずです。

無視しないで、お子さまと話し合ってはいかがでしょう。一番大切なことは、お子さまが心身ともに健康に育ってくれることですね。親の心子知らずと言いますが、子どもの心親知らず、とも言えないでしょうか。

A26

お子さまの目を見て、反抗のサインでないかを確認してください

Q27 勉強するのが嫌で、弟に意地悪をしていました
Q28 してはいけないとわかっていることをワザとします

毎日のアドバイス

意地悪をするからには、何か原因があるはずです。お子さまは自分のストレスを、弟さんに意地悪することで発散させていたものと思われます。お子さまは、弟さんと自分の、置かれている立場の違いをまだ理解できません。ですから「どうして弟は勉強しなくていいんだ」という気持ちが先行してしまいます。

また、自分にかかっている負担が精神的、肉体的に加重になっているかもしれません。お子さまと、どのようにしたいのかを、話し合って解決していくのがよいでしょう。保護者の方に思いきり甘えたいという信号かもしれません。

一方、弱い者いじめは強い子のすることではない、ということを、叱らずに穏やか

に話して、今の気持ちを聞き出してください。また、弟さんに謝罪することを忘れないようにしてください。

受験前のアドバイス

まずはお子さまを叱らずに、理由を聞いてください。そして、試験のことを忘れて、思いきり二人でストレス解消をされるのはいかがですか？

しっかり話し合い、負担の軽減を図ったり、希望を聞いて歩み寄ったりする、などの策を講じる方法もあります。きっと笑顔を取り戻されることでしょう。

弱い立場の人に意地悪をすることは、許されることではない、ということを考えさせるよい機会かと思います。

A27・28

お子さまをと話し合うとともに弱い者いじめについては注意してください

Q29 きちんとすべきところで注意すると、もっと悪さをしてしまいます。

Q30 ダラダラしてちゃんと座っていられません

毎日のアドバイス

そのような時は勉強をやめ、保護者の方も思いきってストライキをしてみませんか？お子さまの要求も一切聞かないでいましょう。どのような出方をしてくるか、様子を見て、話し合うのも方法です。逆に、抱きしめてなぜそのような言動になるのか聞いてみましょう。ヒントが得られるかもしれません。いずれの質問も、お子さまの、困らせて、保護者の方の愛情を私だけに集中させたい、という気持ちの裏返しでしょう。決して叱らずに受け止めてください。

そして「お○○さん（おとうさん・おかあさん・おじいさん・おばあさん、など）

だって具合の悪い時でもお仕事をしている。みんなやるべきことをしっかりやりましょう」など、きちんとわかるように話していきましょう。

受験前のアドバイス

直前になって出てきた時は、ストレスから勉強が嫌になってきていることが理由だと思われます。考えられることは、問題が難しくなり、わからなくなっているのでしたくない、保護者の方の言葉に耐えられない、など何らかの理由があるはずです。口答えしないでちゃんとできるようになるにはどうしたらよいのかを考えましょう。

お子さまにたずねると多分「知らないわかんない」と言う言葉が出てくるでしょう。「いっしょに考えよう」と言ってお子さまを膝に乗せて、ゆっくり話し合いましょう。

そして、話を聞いてくれたこと、話に応じてくれたことへの喜びをきちんと伝えてください。再び同じことが起きた時も、繰り返して試みましょう。

A29・30

おそらく愛情を受けたい裏返しでしょう

Q31 たまにつまらない嘘をついたりします

毎日のアドバイス

嘘の内容にもよりますが、ものは考え方次第です。冗談のような嘘であれば、冗談だと受け止めて笑い飛ばすことができますが、エスカレートする危険性はあります。

嘘をつくことはいけませんが、子どもは大なり小なり、多かれ少なかれ嘘はつきます。保護者の方は、お子さまが話す内容の真偽を見極める目を養ってください。

最近、お子さまの言うことを鵜呑みにする保護者の方が増えています（質問者や読者の方がそうだというわけではありません）。お子さまを信じることも大切ですが、保護者の方は全体の状況を把握し、お子さまの話に耳を傾け、判断をするようにしてください。まずは「自分の保護者には嘘は通じない」という意識を持たせること、また「嘘はいけない」という認識を持たせることが大切です。

つまらない嘘をついた時には、大きな嘘に発展する前に、気付かせましょう。また、いけない嘘をついた時は、きちんと叱って（怒るのではありません）、嘘をつくことはいけない、と認識させてください。悪いことは悪い、とした上で、正直に言ったことは褒めてください。

受験前のアドバイス

お子さまがずっと嘘をついているのか、この時期になってつくようになったのかによって対応は変わります。

ずっと嘘をついているのであれば、躾の問題であり、すぐに対処したから直る、ということは難しいと思いますし、急な躾はどこかに歪みを生んでしまいます。じっくりと腰を据えた対策を講じる必要があるでしょう。

この時期になって嘘をつくようになったのであれば、何かしら原因があると思われます。反抗期という場合もあるでしょうし、注目してほしい、というサインの現れかもしれません。

まずは、お子さまをしっかりと観察してください。このような時に、強く叱るのはよくありません。また、注目してほしい、というサインであるなら、お子さまをしっかりと抱きしめてあげてください。

年長児といえども、まだ六歳の甘えたい盛りなのです。しっかりと甘えさせること、時間を取ってお子さまに付き合うことで、改善の兆しが現れることもあります。お子さまを甘えさせることは、お子さま自身が甘くなること、わがままにすることではありません。

A31

なぜ嘘をついたのかを知り、嘘を重ねさせないようにしましょう

Q32　本人の自覚が足りないことです
Q33　楽しくなってついふざけてしまうんです

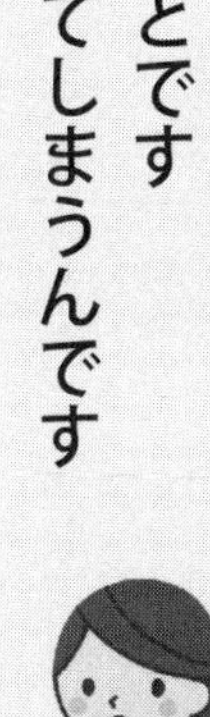

毎日のアドバイス

自覚を持て、と言ってもなかなか持てないでしょう。また、楽しくなってふざけるのは、子どもらしい行動だと思います。お子さまに、時にはふざけてもいいけれど、ふざけてよい時といけない時がある、ということをまず教えてください。

もしかすると保護者の方と一対一で学習することで、保護者の方を独占できるうれしさの現れかもしれません。しっかり観察してください。

学習に入る前に、「今から○○時までお勉強しようね。ふざけないで真剣にやってほしい」と抱きしめて言い聞かせ、心を落ち着かせてから着手してみてください。

受験前のアドバイス

勉強している目的は、受験をして目的の学校へ入ることです。入りたければ勉強をしなければならないこと、そのためには真剣に取り組んでほしいと、きちんと話した方がよいでしょう。

お子さまは、そのことが漠然としかわからず、真剣に取り組まなければならない、ということが、よくわかっていないのでしょう。真剣に話をすれば、その思いはきっとお子さまにもわかってもらえるはずです。

できなかった時は明日はきっとできるね、今日もよくがんばったね、お互いにがんばろうね、と優しく話してください。

A32・33
時に真剣になることの大切さを教えましょう

Q34　全体的に幼い気がします

毎日のアドバイス

幼いと言われる、その度合いがわかりませんが、受験に差し障りがなければ心配は無用です。年齢を重ねていくうちに、保護者の方が驚くほど本人は成長していきます。日常の手伝いは可能な範囲でさせましょう。少しずつレベルを上げてさせていくうちに、自信がついてきます。どのようなことでも、まずお子さまにチャレンジさせることが大事です。

また、保護者の方が幼いと思い込んで、手出し口出しをしてはお互いに成長しません。まず保護者の方からお子さまを見る目を変えていきましょう。何かをできた時はしっかり褒め、自信を持てるよう促してください。もう少しでできる、という時も同じです。

お子さまの話す言葉にしても、「お兄さん（お姉さん）になったね」と、感心したような言い方でお子さまに伝えましょう。お子さまは誰でも、お兄さん（お姉さん）に観られたい、思われたいのです。

受験前のアドバイス

保護者の方の子離れはできていますか？　まず行動させて、話をさせてみましょう。手出し、口出しはしないことです。失敗から学ぶこと、痛い思いをして学ぶこと、そのようなことを重ねているうちに工夫をしていきます。今までがんばってきたことには、必ず成果が出てきます。焦らないで今までのお子さまの言動を思い返してください。そして保護者の方もお子さまを信じて自信をお持ちください。

A34
子離れはできていますか？
手出し口出しを控えましょう

Q35　夜、まだ一人で寝られません

毎日のアドバイス

ある程度の年齢になれば、保護者の方がいっしょに寝たいと思っても、離れていきます。それまでは本でも読み聞かせながら寝かせてください。

ご兄弟・姉妹はいらっしゃらないのでしょうか。いらっしゃれば兄弟・姉妹同士で寝ることもできますね。早くに一人で寝ることを、自立だとお考えの方もいらっしゃいますが、抱きしめてあげられるのは今しかありません。たくさんの愛情を伝えてあげてください。それは甘やかして自立を妨げることとは違います。ご心配は無用です。そのうちに一人で寝るようになります。

受験前のアドバイス

直前で精神的に不安定なこの時期に、無理して一人寝をさせる利点は何でしょうか？それよりも、寝る時に保護者の方と話をしながら、安心してゆったりとした気持ちで眠りにつくことができればよいと思います。

寝るという行為は、無防備な状態でもあります。そんな時に側に信頼できる人がいてくれるだけで、安心することができ、しかも保護者の方の愛情をしっかり肌で感じることができます。

A35

いっしょに寝られる幸福を今はしっかり感じましょう

第 2 章

生活 編

起床時間から朝食、昼食とお昼寝、帰宅後の学習、睡眠時間……。気が付けば一日中、なにか言いたいのを我慢してイライラしている、という保護者の方も、多いのではないでしょうか。

そして入試が近づくと、イライラは倍増。「そんなことで大丈夫？」「今がどんな時期だか、わかってる？」そんな言葉を、つい発する保護者の方も、いらっしゃるかもしれません。

でも、そこで一呼吸置いてほしいのです。焦っているのは、イライラしているのは、何よりあなたご自身ではありませんか？

「あなたのためを思って」という気持ちも、よくわかります。ただ、まだ五歳・六歳のお子さまに、その焦りやイライラは、理解できるでしょうか？

感情をぶつけることは、お子さまの感情を萎縮させてしまいます。お子さまは、まだ反論する手段を持っていません。時には、身体症状を伴う疾患すら、呼び込んでしまいます。もちろん、そのような状態で学習するのは、大変な困難をともないます。

　だからといって、保護者の方に、感情を抑えなさい、というわけではありません。

本章では、保護者の方とお子さまとの双方の緊張感をほぐし、リラックスして学習と成長を進められるコツをご紹介します。そのための一呼吸です。

Q36 幼児教室でがんばってきたからと言って、家に帰ってからはなかなか学習に取り組めません

毎日のアドバイス

お子さまなりに塾での学習に疲れているのでしょう。まずは、この疲れをとってあげましょう。疲れがとれてはじめて、塾の学習を家庭学習に活かすことができます。また、学んだことを活かすには、「がんばってよかった」と思わせることが一番です。遊ぶことがご褒美になるなら、保護者の方もいっしょになって遊びましょう。お子さまが今何を思い、どうしたいのかを考えましょう。塾から帰宅してすぐに学習を行えば、疲れと嫌気は倍になります。必ず気分転換をしてから学習するなど、お子さまのメンタル面にも気を配ってください。

受験前のアドバイス

この時期になりますと、塾での授業は張りつめた雰囲気で進められ、お子さまにもストレスが結構たまっていることでしょう。お子さまがおっしゃるように、塾では、がんばって授業を受けているのでしょう。

家庭での学習時間帯を変えてみてはどうでしょうか。塾から帰ってからの勉強ではなく、10分でも15分でもよいので、朝の時間に学習するのです。塾から帰ってきたら「がんばったね」と褒めてください。

その後は塾で習ったことへは触れないでいると、逆にお子さまの方から話をしてくるかもしれません。多くの学校では、入試は朝から行われますので、朝型の学習はおすすめです。

A 36

朝型の学習習慣を身に付けましょう

Q37　鉛筆の持ち方がよくありません

毎日のアドバイス

お手本を見せてお子さまに覚えさせるのが一番です。それでもできない時は、玩具や文房具売場などで矯正補助具が手に入りますので、ふだん学習する際にそれらを使用すれば直るでしょう。

これはお子さまにとっては楽しいことではないかもしれませんが、途中で投げ出しては身に付けることができません。根気強く直しましょう。箸の持ち方と似ていますから、正しい箸使いをいっしょに学ぶことも一案です。また、このことだけに集中すると嫌がるお子さまもいますから、関連したほかのものと合わせて指導するとよいでしょう。

受験前のアドバイス

試験直前に無理矢理正しい鉛筆の持ち方を覚えさせて、慣れないために書（描）くスピードが遅くなって、しかも雑になったら本末転倒です。本格的に鉛筆の持ち方を直すのは、試験がすんでからで構いません。ただし、正しい鉛筆・箸の持ち方は、入試問題にもなります。知識としてどんな持ち方がよいのかは知っておきましょう。

A 37

根気強く直しましょう

Q38 塾の内容などが難しくなっているのに家庭学習の時間がとれていません

Q39 絵や面接、運動の特訓があまり家で練習できないのが難点です

Q40 ペーパーテストの勉強をする時間がとれない日もあります

毎日のアドバイス

まずは、希望されている学校の過去問を見て、出題傾向と難易度を把握してください。そこで出題されていないほど難しい問題なら、通う塾に対し、疑問符（?）がつきます。このような難問は、基礎基本をしっかりと学習した上で取り組むべきものです。そこで、朝の時間を利用しましょう。10～20分の時間で基礎問題に取り組む方法を考え

てください。一問か二問にしておけば、落ち着いてできると思います。

　絵は、上手かどうか、ということよりも、のびのびと描くことを心がけましょう。自分なりに楽しく描けて個性が出ていれば、それで充分です。運動は幼稚園でやっている運動や遊び、外遊びから身に付いていく基本動作ができればよいでしょう。後は指示をしっかり聞き、最後まで楽しく一所懸命であれば問題ありません。

受験前のアドバイス

　直前になって塾の内容を難しく感じるのなら、日頃の勉強が足りなかったのでしょう。本当に難易度の高い問題で、塾にいる間の時間だけでは理解困難ならば、家庭で理解させましょう。その時、お子さまを叱咤激励するのは逆効果になりがちです。

A 38・39・40

希望されている学校の過去問を見て学習内容を絞りましょう

Q41 インターナショナル・スクールに通っているので日本語にハンデを感じることがあります

毎日のアドバイス

何かご事情、もしくはお考えがあってインターナショナル・スクールに通わせておいでなのだと思います。小学校でも国際教育は活発で、帰国子女の受け入れも各小学校で積極的に行われています。国際部を持った学校でも、入学してから日本語は必要になります。問われたことが理解でき、解答に差し障りがなければ、それほど気にしなくてもよいでしょう。

日本語の場合、漢字やひらがな、カタカナなど小学生の間に一、〇〇〇以上の文字を覚えなくてはいけません。また、同音異義語なども小学校の入試でよく出題されます。例えば、「着る」と「切る」や「雲」と「クモ」など話の内容によって理解できるでしょうか。家では極力正しい日本語を使用するように注意し、昔話や名作のお話を読み聞かせた時、内容を理解しているかどうかを確かめます。また、単語や言い回しなどについても質問してみましょう。

受験前のアドバイス

日本語のハンデに対する準備はされていると思います。面接、口頭試問の時、話が先生にしっかり伝わるようであれば問題ないでしょう。入試も大切ですが、入学後に授業についていけないという例も耳にしますので、試験後にも日本語の習得には力を入れてください。

A41 話が伝われば問題ありません

Q42 話す際、主語がない時があります

毎日のアドバイス

お子さまの言語力をつけるには、日常会話がとても重要な役割を果たします。

幼児期は、何でも吸収して自分の知識にしていきます。ですから、お子さまは保護者の方の言葉や行動をあっという間に吸収し、真似します。その時、よし悪しの判断はしません。保護者の方は、お子さまの話し方は、ご自分の話し方だと思ってください。

さてお悩みの件ですが、主語の必要性をしっかり指導してください。幼児期は語彙数が少ないために、知っている単語を並べて使い、主語述語なども関係なく話をします。そんな時は話の整理をして、この話は「いつ、どこで、誰が、誰に、どのような」話をしたのかを確認してください。

このような話し方をしっかり覚えさせていくと、比較的短時間で「主語あり」の話し方ができるようになっていきます。

受験前のアドバイス

この時期に来てもその調子なら、「誰が？　いつ？　どうしたの？」と聞き返していくことを、徹底して身に付けるようにしていきましょう。それと同時にご自分を振り返ってください。主語なしで話していたことはありませんか？

A42

「誰が」「いつ」「どうした」を問いかけましょう

Q43 暑さや解放感で集中力がありません

毎日のアドバイス

これは夏休み特有の悩みです。暑い時、解放感がある時、誰もが勉強をしたくないのではないでしょうか。ある意味で、ごく普通のことを素直に表していると感じます。しかし、これでこの質問を終えるのでは、意味がありません。では、どのような対策をとるのがよいのでしょうか。

単純に考えれば、真逆なことをすればよいのです。つまり、涼いところで勉強する、開放感がないような場所で行う、ということです。

前者の場合、エアコンに頼らず、涼しい午前中に学習を行うようにすることをおすすめします。夏は暑いですが、その暑さに負けない体力をつけることも、受験を乗り切るポイントです。

また、午前中に学習を行うようにすることで、乱れがちな基本的生活習慣を維持することが可能となります。後者の場合、学習場所を工夫することで解決できます。まず、周りにいろいろなものがないようにする。特にお子さまが好きそうなものは隠しておきましょう。また、広すぎる部屋もよくありません。保護者の方の目がすぐに届くような場所であれば、何も言わなくとも保護者の目が光ることで、緊張感が持続できます。このような場合、威圧するのではなく、見守ることを意識して行ってください。保護者の方が、一つひとつ口で言わなくても、その場に緊張感が漂うようにしたいものです。

A43

集中できる環境作りを心がけましょう

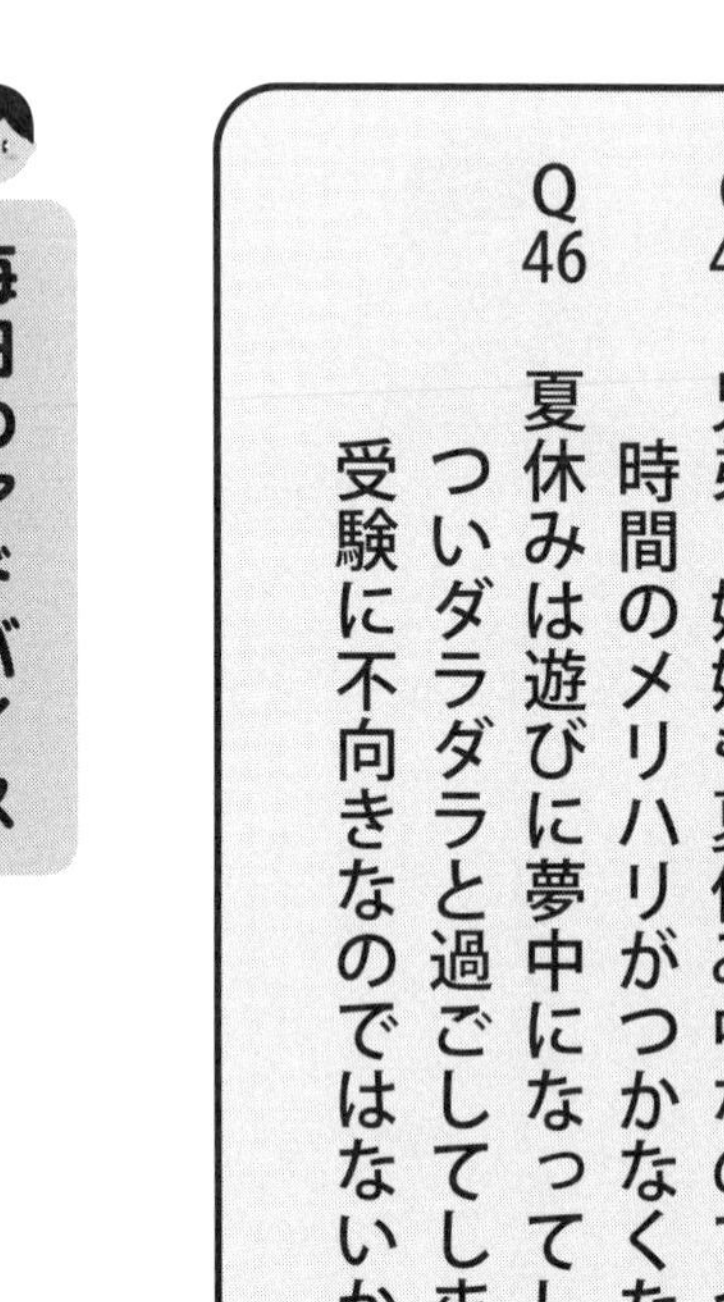

Q44　学習面において夏休み中、遊びの誘惑に負けてしまうことがあります

Q45　兄弟・姉妹も夏休み中なのでついつい遊びすぎたり時間のメリハリがつかなくなっています

Q46　夏休みは遊びに夢中になってしまい、ついダラダラと過ごしてしまって、受験に不向きなのではないかと心配しています

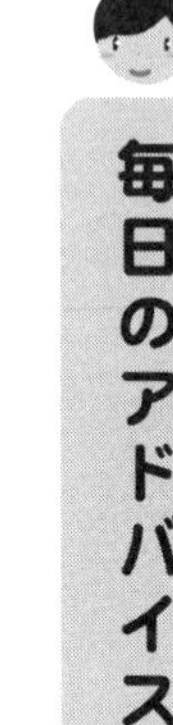

毎日のアドバイス

夏休みの悩みごとは尽きません。特に夏休みは、お子さまの学力を伸ばすには最適な時間です。保護者の方の「子どもの学力を伸ばしたい」という意識も理解できますが、実は学力を伸ばすには、遊びも重要な要素の一つであることを忘れてはいませんか？

ここでの問題は、「メリハリ」ということですが、メリハリの本来の意味は、「減り張り」で、減ったり増えたりの状態が交互にやってくることに由来します。お受験の勉強も「がんばって勉強する」と「リラックスして遊ぶ」のが「メリハリ」という言葉の本来の使い方です。

生活にメリハリがなくなっているのはお子さまではなくて、大人である保護者の方の責任です。夏休みに入ってからバタバタと準備するのではなく、夏休みの前にきちんとした「メリハリ」のついた計画を立てて過ごしたいものです。

「生活にメリハリがない」なんて他人行儀なことを言わないで、ぜひご家族全員で有意義な夏をお過ごしください。

夏休み中のアドバイス

生活の基本は朝にある、といっても過言ではありません。保護者の方の意識調査を行った結果、基本的生活習慣について、起きてからのことだととらえている方が大半でした。しかし、起床時刻こそが一日の基準となる出発点です。

基準をしっかりするために、ラジオ体操、朝のお手伝いなどを取り入れる方は多いと思います。午後の生活を引き締めるためにも、夕方のお手伝いを取り入れてください。お皿を並べるなどでも結構です。お子さまがその行為をしなければ、家族に迷惑がかかる、というような内容がよいでしょう。そのように、夕方にもお手伝いを取り入れれば、さまざまなことを、後ろにずらす（後回しにする）ことができなくなります。

その際、保護者の方は、お子さまに責任を持って行わせるために、お子さまがしなかったら、保護者の方がその後始末をしない、という強い意識を持っていただきたいと思います。「自分がしなかったら保護者の方がやってくれる」という甘えを抱かせないためです。

また、数日続けてきちんとできた時は、保護者の方がいっしょに手伝ってあげるなどのご褒美を取り入れてもよいでしょう。その際、「上手ね。さすがお姉ちゃん（お兄ちゃん）ね」という褒め言葉を随所に取り入れることや、たまには思いきり遊ぶことなども忘れないでください。

受験前のアドバイス

受験に不向き、とお嘆きの様子ですが、受験に向いているお子さま、というのは、そうそういないと思います。

落ち着きがないのは何かほかの理由に違いありませんから、その理由を考える方が、解決が早いと思います。

この時期は得てして、保護者の方は、お子さまの欠点ばかりに敏感に反応する傾向がありますから、保護者の方の物差しで「お子さまが受験に不向きなように見える」だけかもしれません。もう一度角度を変えてお子さまを観察してください。また違ったよい面が発見できるに違いありません。

A44・45・46

メリハリをつけて乗り切りましょう

Q47　夏休みは誘惑が多いので、勉強への取り組みに時間がかかることがあります
Q48　夏休みはいろいろな予定が入るので、疲れて学習ができなかったりします
Q49　夏休みは時間がある分、のんびりしてしまいます

毎日のアドバイス

朝の早い内にその日の計画を実行すれば、効率よく学習できます。またお子さまと買いものカードを作り、おやつの時間にそのカードを利用するような試みも楽しいことです。お金の代わりに「●」で表し、おせんべい一枚は「●」が七個で取り替えられる、いくつといくつを合わせたら、おせんべいがもらえる、「●」が十個になったらお○○さんと遊ぶ、など、学習方法を工夫して夏を乗り切ってください。

受験前のアドバイス

例年、入試直前の夏休みは保護者の方が受験生のお子さまに対して最も要求が多くなる、過剰期待の季節です。ご自身も、日頃から夏休みになったら「あれもこれも」と期待を込めた願望が山積していたはずです。ところが休みも半分くらい経過すると、「できないことばかり」が目に付きます。そこにお子さまの計画倒れも重なって、後悔しきりになるのです。その原因は、お子さまが学習しなかったからではなくて、時間的にも能力的にも無理のある難問を、盛りだくさんにしたからです。日頃できないことを何でも夏休みに処理しようとするのは無理があります。

A47・48・49

何でもかんでも夏休みにというのは無理があります

Q50 時間がとれず宿題をするのがやっとです

Q51 勉強と体操教室の両立が本人は大変なようです

Q52 保育園から帰ってくると疲れてすぐ寝てしまうので、なかなか勉強ができていません

毎日のアドバイス

「時間」ということは家庭学習のことでしょうか。ご家庭の様子がわかりませんので、ピントがずれているかもしれませんが、ご参考になさってください。

時間は与えられるものではなく、自分で作っていくものです。考え方、工夫の仕方で時間は作っていけます。

例えば、トイレを掃除する時間がない、と考えるのではなく、トイレの使用後に、

その都度汚れたところをちょっと掃除するようにすれば、改めて時間を設ける必要はなくなります。

同じように、お子さまと食事の支度をいっしょにして、その時に、ごはん茶碗とおみそ汁椀を合わせるといくつになるか、などの質問をするだけでも、しっかりした学習になります。また、紙と鉛筆を用意しておいて、その数だけ○を書かせる、というような工夫をすれば、ペーパー対策にもなります。箸の数え方はどのような言い方か、何本と「本」で数えるのはどんなものがあるか、などと口頭試問でも充分学習ができます。歩いている時に植物を見て、季節の話や行事や植物に関することを考えれば、生活そのものが家庭学習です。ペーパーテストも必要ですが日常生活で学べることの方が多いのです。

お子さまとのコミュニケーションはどのようにとっているでしょうか？　小学校受験は、家庭の教育方針や、どのようにしてお子さまを育てているか、その結果として親子関係はどうなのか、などが観られます。保育園に行く時、帰ってくる時のお子さまとの時間を大切な会話の時間にしてください。

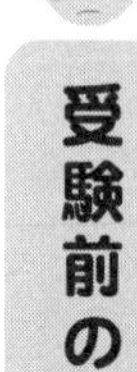

受験前のアドバイス

今までの工夫が今どのような結果となって出ていますか？　直前になった今も、時間がとれないのでしょうか？

もし、そうであれば、どうして学習時間をとれないのかを、よく考えて、その原因を突き止めてください。そうして一日最低でも30分程度の時間も確保できないようであれば、小学校受験は諦めた方がよろしいかと思います。

充分ではないが時間のやりくりができているなら、ぜひ進学に舵をとってください。それだけの価値のある国立や私立の小学校は、選択に迷うほどあると思います。最終的にはそれぞれのご家庭の価値判断の問題ですから、よく考えてお決めになってはいかがでしょうか。

A50・51・52

時間は「ある」ものではなく「作る」ものです

Q53　遊ぶ時間が足りないと感じています

毎日のアドバイス

保護者の方が、お子さまの遊び時間が足りないと感じているのなら、お子さまは我慢強く、とても従順な性格なのでしょう。お子さまは意外と遊びが足りないことに不満を感じていないのかもしれません。

遊びからは、机上では学べない多くの知識、常識、感性、マナーやルールなどをたくさん得られます。子どもは遊びの天才です。さまざまな工夫を凝らして、試行錯誤しながら遊びます。遊びの中で友だちとの付き合い方も学び、体力、運動能力も身に付けていきます。そこで身に付いたものは、生活や試験でも大いに力を発揮します。

また、遊べば気分も晴れ、その次に行う学習にも積極的に取り組めます。

受験前のアドバイス

この時期に四六時中勉強では気分転換もできずに、かえって能率が落ちるのではないでしょうか。保護者の方はこの時期に遊ばせるなんてとんでもない、そんなゆとりはない、と思っていらっしゃるでしょう。

しかし、試験直前は、今までやったことを、どうしたら一〇〇%出しきれるかを考える大切な時期です。精神的な負担をかけない、追いつめない、それにはご自身も「まな板の上の鯉」の心境でいることです。むしろ、いっしょに制作や運動を兼ねた遊びをしてみませんか?

もちろんルールは設けます。遊びのようであっても試験に結び付けて、しかも「気分を発散させるようなこと」を考えてみましょう。

A 53
遊ぶことは、最高の学習方法です

Q54　遊びと勉強で手一杯になり、お手伝いの時間がとれません

毎日のアドバイス

お手伝いの意味をどのようにお考えでしょうか？　また、お手伝いから何を学ばせたいのでしょうか？　それを考えない限り、時間がないままで、試験までの日々が過ぎるでしょう。郵便受けから新聞を取ってくることも、ものを片付けることも、電話の取り次ぎも、誰かの手助けになれば、立派なお手伝いです。お子さまには、ペーパーでは指導できない、すばらしいことが身に付くはずです。

そしてこのことは「遊びと勉強」の日々を過ごすお子さまの今まででは得られない財産になります。またお手伝いを、前述のように広い意味で考えますと、お手伝いの種類はたくさんあります。

「遊びたければ決めたことはやりなさい」これが受験勉強の大切なルールの一つです。何かお手伝いをしてから遊ぶと、いうルールがあるのなら、そのルールは必ず守ってください。そうしないと、けじめをつけられないことになります。

お子さまといっしょに遊び、遊んだ後はお手伝い、とリズムよく行動すれば、時間に追われることもないでしょう。

ペーパーの勉強だけが勉強ではありません。もっと大切なことで、幼児期に教えておかなければならないことがあります。それを毎日継続して学ぶことも、大切な勉強です。

受験に限らず、この時期のお子さまには、遊びも勉強もお手伝いも大事です。時間は与えられるものではなく、作るものだという考えで過ごしていきましょう。

受験前のアドバイス

試験が近いからと言って手抜きを許してはダメです。よほどの事情がなければ、約束は守るように指導しましょう。それがお子さまのためになります。

試験間近で疲れているから、お勉強が大変だから、といった気遣いはかえってお子さまのためにはなりません。そんな時でもきちんと毎日のお手伝いができるお子さまに育てることが、本当の愛情だと思います。

お手伝いができた時は、必ず褒めてください。明日もやるぞ、という気持ちになるような言葉をかけましょう。あえてお手伝いの種類を選ぶとすれば、結果が形になって見えるお手伝いがよいと思います。靴磨き、玄関掃除、などはいかがでしょうか。

A54

お手伝いを利用して生活のリズムを作ってください

Q55 規則正しい生活ができません
Q56 生活リズムが乱れやすいです

毎日のアドバイス

お子さまの言いなりになっているため、このような悩みになったのでしょう。受験をお考えでしたら、まず計画を立てて必ず実行するという決心をしてください。そうでなければ、計画を立ててもなかなか思う通りには進みません。必ずお子さまに約束は守ることを誓わせてから、無理のない計画を立ててください。

おそらく、「勉強の時間ですよ」とお子さまに注意することができず、仕方なく遊ばせてしまったりしたことが、現状を招いたのでしょう。これを放置すれば、保護者の方のイライラが募り、お子さまへ悪影響を与えかねません。

まず、保護者の方の考えを変えましょう。ご自分のお子さまです。時間になったら決めた計画をきちんと守るように言うこと、するべきことをしてから遊ぶこと、の二つを徹底します。

もちろん、朝から晩まで判で押したような生活はできません。しかし生活をあるべき姿に近づけようとする努力を保護者の方とともに続けてください。いつも規則正しい生活はできません。その原因はさまざまです。しかし、親子でそうしたくらしを目指して努力をすることこそが、すばらしいことなのです。

受験前のアドバイス

試験直前でこのようなありさまでは、躾が根本的になっていない感じを受けます。お子さまが時間にだらしないのは、保護者の方もだらしないからです。お子さまを育てる基本方針はあると思いますが、方針が守られていないか、それに沿った行動を何もしていないのではありませんか？

今さら言いわけしてもよい案は出ません。まず、「どう立て直したらよいか」を真剣にお考えください。今からでも遅くはありません。「ルールをきちんと守ろう」と言って、わからないお子さまはいません。わからせる努力を惜しむから、わかろうとしないのです。まず一つ、次に二つ……と、約束を守るように努力しましょう。きっとできます。がんばって考えてください。生活のリズムに気が付き、その努力をすることだけでもすばらしいと思います。

それも受験を目指したから理解することができるようになったのです。直前はできるだけ生活のリズムに沿って、日常生活を送る努力をしていきましょう。

A55・56

お子さまの言いなりではいけません

Q57 お友だちと遊ぶ時間がとれません
Q58 ほかの習い事もあり、園のお友だちと遊ぶ時間がありません

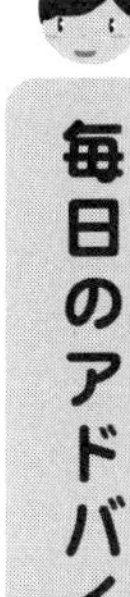

お友だちと遊ばせるために、時間作りは工夫されましたか？　工夫されて時間がとれないのであれば、あっちもこっちもと欲張るのは無理でしょう。時間は与えられるものではなく、作るものだと考えてください。

それよりも気になるのは、遊ぶ時間もないほど、習い事などに明け暮れていることです。これではお子さまのストレスはたまるばかりです。遊びは、さまざまな知識を与え、好奇心を旺盛にし、身体を発達させ、集団の中で我慢することを身に付けることができます。また、マナー、ルールも覚えさせるにも、またとない機会であることを、保護者の方もぜひ認識してください。

受験前のアドバイス

遊びのすばらしさは机上では得られないことばかりです。直前で不安定な気持ちのこの時期だからこそ、お子さまには、お友だちと思いきり遊んで諸々のストレスを発散させてあげたいですね。

そうしたからといって今まで学んだことを忘れはしないでしょう。もし忘れてしまうというのであれば、学習がしっかりと身に付いていなかったのではないでしょうか。暗い表情で会場へ向かうよりは、子どもらしいキラキラした顔で試験に臨む方が、お子さまのためにはよいでしょう。

A57・58

遊びはまたとない学習機会です

Q59　お手伝いは促さないとしてくれません

毎日のアドバイス

なぜお手伝いをするのか、お子さまはおわかりでしょうか？　どうしてなのかをきちんと説明してあげましょう。どうして手伝いをするのかがわからなければ、お子さまは押しつけ、命令として理解します。楽しくもない手伝いは、言われなければしないのは当然でしょう。また、保護者の方が、お子さまのお手伝いの後に「手伝うのは当たり前」という態度で、したことを見もせず、褒めることも、感謝の言葉をかけることもしなければ、率先してやるお子さまはまずいないでしょう。

今日から手伝う理由をしっかり話し、お子さまが楽しくできるように考えてください。お手伝いをした後は、結果に対して、言葉をかけてください。明日もしよう、という気にさせるのは保護者の方の知恵です。

受験前のアドバイス

ふだんのお手伝いを、試験直前だからやらなくてもよい、それよりもお勉強をしてほしい、などと考えてはいませんか？　一番よくないのは、継続させないことです。試験前だからといって、学習一辺倒になるのは逆効果です。どんなことでもよいですから、今からでも、毎日のお約束のお手伝いを決め、しっかりするよう約束しましょう。

実行したらカレンダーにニコニコマークのシールなどを貼り、増えていく喜びを感じさせてください。また、お手伝いをしたら、必ず言葉をかけてください。はじめは言わなければしないでしょうが、そのことにこだわらず、身に付くまで促していきましょう。

A59

お手伝いを通じて継続することの大切さを教えましょう

Q60　毎日の習慣を言われないとしません
　自分から進んでしてくれたらと思います
Q61　手洗いは習慣になっていますが、
　簡単にすませてしまいます

毎日のアドバイス

例えば幼稚園・保育園から帰ってきて手洗い、うがいをしなければ「〇〇しなさい」とは言わずに、おやつの用意だけしておきましょう。そして、食べようとした時に、「あなたはこのおやつを食べられるような準備はできているの？」とたずねてみましょう。お子さまが気付かず「なぜ？」と聞いてきたら、「今まで何を言われていたか思い出して、きちんとやってね」と言って、指示はしないでおきましょう。もし「あっ！」と言って行動に移した時や答えられた時は、褒めてあげて、どうしてしなければならないのかを、たずねてください。もし気が付かないようであれば、保護者の方が何気なく手を洗い、うがいをしてみせれば、気が付くでしょう。

自分で考えて行動することに保護者の方が蓋をしている、という可能性があります。行動を自分で考えて決められるように、導いていくことが大事です。

受験前のアドバイス

自分で考えて行動ができるようにしていかなければ、集団の制作問題などにはついていきにくくなり、結局みんながしていることを真似てするようになってしまいます。

幼稚園でもそのような行動をしているのであれば、先生に「いちいち指示をしないでください」と依頼しておかれるとよいと思います。困るのは自分であることに、お子さま自身で気付くことが大事です。

A60・61 お子さまが自分で気付くよう促しましょう

Q62　工作をしたら止まらなくなり、ごはんの時間になってもサッとやめられないんです

毎日のアドバイス

「けじめをつけることが身に付いていない」「ごはんを作ってくれた人への感謝の気持ちがない」。このようなことを、教育するのは、とても大切なことです。

やむを得ない時以外、ほかの家族は食べ始めてもよいでしょう。そして食べ終わったら、全部片付けましょう。ただし、これを実行する前には、お子さまにきちんと話してください。食べられなければ、おなかが空くでしょう。それはけじめをつけられないあなたがいけない、何時何時まではごはんは出ませんよ、と話しておくことです。中途半端にせず、厳しく指導されてよいかと思います。

受験前のアドバイス

ふだんからけじめがつけられず、今になって直そうとしても無理があります。試験でこのような行動が出ると、行動観察において芳しくない評価をされてしまいます。

集中する、と言えば聞こえはいいですが、それを要求される年齢ではありません。プロの職人が寝食を忘れて一心不乱に仕事をするのとは、わけが違います。直前でも「けじめをつけなさい」と言うしかありません。

A62

けじめをつけることを、しっかり教えましょう

Q63　着替えや歯磨きをしている時、別のことに興味がわき、すごく時間がかかります

毎日のアドバイス

お子さまが、何かをしている時に、別のことに興味を移してしまうのは、よくあることです。見方を変えれば、さまざまな物事に好奇心旺盛である、関心があるということで、よいことでもあると思います。

しかし、今は何をしているのか、何をすべきなのかを考えさせるのも大事なことです。何か興味をひくものがあっても、するべきことをしてから、と教えてください。

歯磨きの時は「保護者の方がいっしょに歯磨きをする」、「着替えの時は何もない部屋で、保護者とどちらが早く着替えられるかを競争する」などのように、楽しんで取

り組ませる方法もあります。家庭の事情によっては、このようなことが実行しづらい、ということもあるかと思います。

お子さまに、時間は待っていてはくれない、ということを体験させるのも一つの考えです。そのような時は、保護者の方が冷静でなければ効果がありません。嫌な思いをしなければ身に付かないこともあります。

また、時間を決めて行動することも有効です。その際、壁にかける時計は、デジタルではなくアナログ時計がおすすめです。まだ時間の計算はできませんから、視覚で時間をとらえるようにするためです

受験前のアドバイス

お家でしなければならないことを一覧表にして、どれくらいで終わったのかを記入してみてはどうでしょうか。「スタート」で始めて、お子さまの「終わった」の合図で終了します。そこには、ていねいさ、要した時間の項目を設け、点数化することでお子さまのやる気を誘います。一週間を一つのサイクルとして、一定の点数以上であれば、

ご褒美を与えるなどの方法を試してみてはどうでしょうか。

語気を強めて指摘したところで、思うほどの効果は上がりません。試験直前という時期を考慮すると、モチベーションのアップも図らなければなりません。

キーワードは「その気にさせる」です。どのような指導をするかは、お子さまの性格などに合わせて、工夫してください。

A63 ゲーム感覚でモチベーションアップを図りましょう

Q64 あいさつがきちんとできないのです

毎日のアドバイス

まずは、あいさつをすると人間関係が良好になる、ということを、きちんと教えてください。ご家族のみなさんは元気にあいさつをしていますか？　あいさつは、保護者の方が率先して行わないとお子さまもできません。

恥ずかしがり屋、ものぐさ、寡黙など、お子さまの性格によっては、身に付くまでに時間がかかるでしょう。そのためにも保護者の方は、あいさつは気分がよくなる、という意識を持てるように、常日頃から笑顔で行うようにしましょう。

また、相手の人より先にあいさつする、相手より大きな声ではっきりと言う、などの具体的な目標があれば、あいさつの習慣は自ずと身に付いてきます。しっかりあいさつができた時などは、「気持ちのよいあいさつだね」と褒めてあげてください。

受験前のアドバイス

直前の対策の一案として、あいさつ表の活用をご紹介いたします。

表の縦軸にはチェック項目を書きます。項目は「朝」「昼」「夜」「大きな声であいさつができた」「目を見てあいさつができた」「自分からあいさつができた」などです。

表の横軸には日付を書きます。できたかどうかを細かくチェックし、印（点数でも可）を付けます。目に見える形にすることで、意識付けができます。

そして、テストの日は特別な日だから、点数は二倍あげる、などの試みをしてはいかがでしょうか。「表」を使うことは、一時的な対策です。試験終了後も、あいさつはきちんと続けることが大切です。

A64 あいさつ表をおすすめします

Q65 きっちりたたんだり、着たりができず、だらしないところがあります
Q66 言われるまで服をたたみません

毎日のアドバイス

洋服をたたまなかった時、保護者の方はどのようにしていますか?

おそらく、ブツブツと言いながら代わりにたたんでいるのではないでしょうか。その繰り返しが、お子さまの中に「親がたたんでくれる」という意識を植え付けてしまいます。そしてそれが、自分から進んでたたまなくなったことにつながっています。

一言で言えば、甘やかした結果です。少し手荒いですが、放っておくことが一番なのではないでしょうか。クシャクシャになった服を着なければわからないでしょう。

お子さまは、困るのは自分自身であり、本当に困ってみて、はじめてその重要性が

わかるようになるものです。そのような経験をさせてから、自分でするようになるのを待ちましょう。おそらく、クシャクシャの服を着たいとは思いませんから、何か頼んでくるでしょう。

お子さまと保護者の方の根比べというところでしょう。それを機に、洗濯物をたたむのを、お子さまと一緒にするようにしてはいかがでしょうか。

コミュニケーションも図れますし、たたみ方も上達しますから、おすすめです。また、服を着る時に鏡の前で着せてみましょう。どのように映るか、自分の姿を自分で見ることで、きちんと服をたたむことの必要性に気が付く方法です。無頓着な性格であれば、なかなか時間がかかりますが、気長にやっていきましょう。

受験前のアドバイス

入試において、たたむ行為に限らず、生活上のことはただできればよい、というものではありません。試験においては、スムーズに行っているかという点も重要です。

なぜなら、入学試験の観点は、技術としてできるか否かという点だけでなく、日常生活における積み重ねとして習得しているか、という点も含まれているからです。

しかし試験の直前であれば、じっくりと腰を据えて取り組む時間もありませんから、技術面にウエイトをおいて練習をするとよいでしょう。

教える際は、「よい」「悪い」、「できた」「できなかった」という評価をするのではなく、「こうすれば上手くできる」というアドバイスをしましょう。時には、手をとって指導するのも一案です。また、指導する際、向かい合わせになって指導するのはよくありません。お子さまにとって、保護者の動作は左右反対になり、理解しにくくなります。そのため、指導する際は、お子さまと同じ向きで行うようにするとよいでしょう。

A65・66
お子さまとの根比べを覚悟して一旦、放置してみましょう

Q67　身の回りの整理整頓ができない。注意するとしますが、進んではしません

Q68　片付けが苦手です

Q69　言われないとお片付けができません

毎日のアドバイス

この悩みを抱えておられる保護者の方は多いですね。保護者の皆さまは、お子さまに片付けをさせようとしていませんか？　させようとするから、言われないとしないのだと思われます。

いっそのこと、片付けをすませないと、次のことができない。というルールを決め、黙っていてはどうでしょう。そして、片付けができていなければ次のことをさせない、という強い意志でお子さまを指導してください。自発的に片付けをしたら、その点をきちんと褒めてください。

また、いい加減に片付けをすれば、次の時、鞄や棚が閉まらなかったりして困りますね。そんな場合は、「がんばって」「もう少しでできるね」と、応援の言葉がけをしてあげるだけにしておきましょう。

一度保護者の方がお子さまに整理整頓はどうしたらきれいにできるか、考えさせながらやってみます。服のたたみ方や、靴の揃え方も、どうしてこうするのかを考えさせながら行うと、コツをつかみ、次からしやすくなるでしょう。

はじめてのもの、高い場所にしまうものなどは、保護者の方がお手本を示したり、手伝ってあげたりしてもよいでしょう。自分からできるようになるまでは、保護者とお子さまとの、我慢比べといったところでしょうか。

受験前のアドバイス

入学試験の行われる時期を考えるますと、片付けができないというのは、成長過程において問題があったと言わざるを得ません。

この状況に対処するために、保護者の方が、けじめを持ってお子さまと接するようにしてください。試験対策として対処すべき問題ではありませんので、ふだんの状態と同じ取り組みをすることをアドバイスします。

保護者の方は、強く叱ることはやめましょう。試験前に過度のプレッシャーを与えては、お子さまが潰れてしまいます。お子さまの行動は、保護者の方の育児の結果ですので、お子さまを責めるのではなく、ご自身の育児を振り返って反省してください。

直前の言葉がけとしては「みんなのお手本になってみよう」など、自尊心をくすぐるような言葉かけや、「あなただったらどう片付ける？」などの言葉がけが最適です。

押し付けのように、「片付けをするのよ」といった言い方では、かえって逆効果となるでしょう。

A67・68・69
自発的にできるよう働きかけましょう

Q70　お行儀が悪いんです

毎日のアドバイス

ふだん言葉で注意していたものの、「全くいくら言ってもしょうがないわね」程度の愚痴ですませ、手を打つことが疎かになっていませんでしたか？

どのような場合に、お行儀が悪いと感じられますか？　例えば食事中に足を動かすなど、食事中にいくら言っても聞かない場合は、食事を一旦中止する、などの措置をとってもかまいません。躾は、時に苦しい思いも必要だと思います。しかし、体罰は控えなければなりません。

試験直前ではなかなか困難なことです。突貫工事を行えば、精神的によいことはなく、だからといって、生ぬるい指導では直りません。

どれだけ直るかわかりませんが、ふだんしていることを続けるしかありません。

Q71　身だしなみに無頓着です（お手洗いの後シャツが出たままなど）

毎日のアドバイス

大人になれば、自然と身だしなみが身に付いていきます。シャツの出た格好で鏡の前に立たせて自分の姿を見せてみましょう。鏡に向かって直し、凛々しくなった姿と比較して見せて「かっこいいね。きっとみんなにかっこいいと思われるよ」などの言葉を伝えてみましょう。

汚れてもよい服装ではなく、アイロンをかけた、お子さまの好きなかっこいい服を着せます。そして、自分の姿を鏡に映し、見せてあげるのです。くりかえしていれば、気にして着るようになってくるでしょう。

手を洗い拭かずにいる時には、濡れた手で取ると困るような薄いせんべいなどのおやつを出してみます。おやつはまずくなるし、手は汚れる。そうすれば洗った手は、服では拭けないと気が付くのではないでしょうか。

受験前のアドバイス

身だしなみは、試験直前でもまだ完全になることはないと思います。もともと、そのようなことに無頓着なのですから、一〇〇％ＯＫというわけにはいかないでしょう。だからといって気に病むことはありません。天真爛漫なお子さまだと想像しますが、お子さまのよいところを、きっと評価してもらえるでしょう。このことに関しては、その都度注意していくよりほかありませんが、叱らないことが大切です。

A71

身だしなみの効用を感じさせましょう

Q72 偏食（特に野菜）を直したいのですが

毎日のアドバイス

嫌いな野菜を自分で育ててみる、収穫を体験してみる、自分で料理をして家族に振る舞ってみる、などの体験をさせてみてはいかがでしょうか。自分で作ったものは美味しく感じるものです。

また、ふだんであれば、保護者の方が料理の腕を振るい、ペースト状にして、ほかの食材と混ぜて上手くごまかす、などの方法があります。筆者は幼少の頃に好き嫌いがありましたが、母は兄弟の嫌いなものばかりの料理を、あえて並べていました。最初は拒否をしていましたが、空腹には勝てず少しずつ口にするようになり、気付けば普通に食べられるようになりました。このやり方が正しいかどうかは、読者の方の判断にお任せしますが、根比べというのもありかもしれません。

受験前のアドバイス

直前になってこうすれば直る、という案はありません。

もし、志望校に食事の試験がある場合、お弁当持参の学校なら、嫌いな食材を入れないことでクリアできます。逆に、給食が出される学校であれば、給食以外の試験で点を取るしかありません。

しかし、嫌いだからといって、全く手を付けないのはよくありません。嫌いだけど、がんばって食べる姿勢は評価の対象となる可能性があります（学校によって判定基準が違うので、一概には言い切れませんが）。

ですから、食べられるようにならないまでも、がんばって食べてみるというチャレンジ精神を持つように指導してください。

A72
チャレンジすることが重要です

Q73　食事に時間がかかりすぎるのが気になります
Q74　食事の時の姿勢をよくさせたいです
Q75　なかなか食事のマナーがしっかり身に付きません

毎日のアドバイス

目に見えるようなマナーの悪さであれば、注意されていると思うのですが、何に時間がかかっているのかを見極めて指導してください。

何かを考えながら食べているのか、ぼんやりとしているのか、もしくはそのような状態で噛んでいるために遅くなるのでしょうか。

食べものの丸飲みはよくありませんから、噛む速度を早める工夫をしてみましょう。

食事の姿勢を直すには、正座するのが一番よいのですが、イスであれば背もたれに背中をつけないようにして座らせることです。

食事中のマナーは毎日の積み重ねで身に付いていきます。きちんと教え、実行させましょう。大人になって食事のマナーが悪い方を時々見ますが、受験を機に指導してもらえるありがたみは大きくならないとわからず、本人は困らないため、なかなか時間がかかります。時間をかけて直すように構えていきましょう。

受験前のアドバイス

この時期になっても身につかないのであれば、特訓したところでほかに弊害が出てきてしまいます。マナーなどの類は、時間をかけて身に付けていくことです。ふだんと同じことの繰り返ししかありません。

A73・74・75 時間のかかる要因を見極めてください

Q76　箸の持ち方ですが、なかなかくせがとれません
Q77　箸の持ち方がよくありません

毎日のアドバイス

箸の持ち方を直す補助道具が市販されていますので、ふだんから使用すれば自然に直ると思います。途中で投げ出さず、根気よく取り組むことが効果を上げる秘訣です。時間はかかりますが、ゆったりとした気持ちで見守り、上手くできた時は褒めましょう。

また、鉛筆の持ち方と似ているので、いっしょに取り組むことも一案です。そして、茶碗の持ち方、食事の際のマナーなども含めて指導されるとよいと思います。大人になってから食事の仕方が汚いと、相手に悪印象を与えることもあります。試験だからではなく、躾という長い目で見て指導してください。箸が上手く持てるようになったら、マメなどを利用して、練習をするとよいでしょう。

受験前のアドバイス

試験直前になると焦る気持ちもわかります。箸を使用する学校の多くは、持ち方が採点の対象となっているのが現状です。

もし簡単に直りそうなら取り組ませて直しましょう。ただし、くせが直せるかどうかは個人差があります。直前に強制的に直すことはおすすめしません。今までについたくせを直すには時間がかかります。

直すことに執着すると、別のよいところにまで影響を及ぼしてしまうことがあるので、直前の無理矢理な修正はお子さまの性格や様子を見てからにしましょう。別の部分で点数が取れるよう、得意分野を伸ばしてください。

A76・77

根気よく直しましょう
ただし、執着しすぎには注意して

Q78　暑いので何をするにもおっくうになりがちです
Q79　毎日暑く、「疲れた」と言ってダラダラしがち。
夏バテ気味でやる気が落ちています
Q80　夏休みで一日中家にいるので
ふだんの生活のリズムが乱れてしまいます

夏休み中のアドバイス

夏は日の沈む時間が遅く、いつまでも明るいため、時間の感覚が乱れてしまいがちです。そんな時に大切なのが、生活リズムをキープさせることです。

起床・就寝時間、学習の時間など、いつもと同じ時間に行いましょう。夏休みだからといって生活リズムを崩してしまうと体調を崩す原因になってしまいます。

夏の飲みもの、食べものに注意をし、しっかりとした睡眠をとることも夏バテ予防としては重要なことです。夏に体力を落としてしまったり、体調を崩してしまうと、秋以降の受験に響いてしまいます。

また、夏休みは通常より時間がある分、学びの季節であるとも言えます。一日中、クーラーの効いた部屋で過ごすのではなく、ぜひ、ご家族で外へ遊びに出ましょう。遊びを通してしか学べないことが多くあります。その際、保護者の方は、必ずお子さまの日射病や熱中症に注意をしてあげてください。

夏休みを有益に過ごすことができるかどうか、そしてお子さまの体調管理は保護者の方にかかっています。

A78・79・80

生活リズムをキープしましょう

Q81 体力がなく、昼寝をやめることができません
Q82 運動会や習い事などで覚えることがたくさんあり、夏の疲れも出てくるので体力的にしんどそうです

毎日のアドバイス

一日のスケジュールがどのようになっているのかわかりませんが、幼稚園から帰ってきたら15～20分程度、お昼寝をさせるとよいでしょう。あまり長い時間寝ると眠気を引きずってしまい、起きてもすっきりしない状態になってしまいます。

また、小さなお子さまにとって、家庭学習は朝のうちに行うのがおすすめの方法です。夜は早く寝て、しっかり睡眠をとり、疲れを解消させましょう。

まだまだ、自分で体調管理をするのは難しい年齢です。保護者の行き届いた体調管理が求められます。食生活にも気を付け、受験本番の秋に向けて体力をつけましょう。

受験前のアドバイス

志望校によっては、受験の時期が幼稚園の運動会と近い場合があり、お子さまは、体力的・精神的に限界にきている場合が多いと思われます。疲れがたまったお子さまに対して、お昼寝をさせることが多いと思いますが、お昼寝は習慣化してしまうと、決まった時刻に眠くなってしまうことがあります。そうすると、試験本番の時間が午後になった時が心配です。なるべくほかの方法で体力回復をはかるようにした方がよいでしょう。

例えば、体力回復の食事メニューを作ること、一定の睡眠時間と起床時刻を決めること、朝の間に学習をしてしまうことなどが、代表的な改善点です。案外、生活リズムを整えるだけで解決できることもありますので、試してみましょう。

A81・82

朝の学習をおすすめします

Q83 好き嫌いが激しく、体調管理が難しいです

毎日のアドバイス

どのようなものが好きで、どのようなものが嫌いなのかがわかりませんが、料理する時の工夫により多くはクリアできるでしょう。

鶏の唐揚げが好きで、ニンジンが嫌いな時は、ニンジンをみじん切りにして、塩こしょうで炒めます。鶏を真ん中で切り、炒めたニンジンを詰めて唐揚げにします。肉は一口大に切っておくと無理なく口に入ります。また炊き込みごはんや、ハンバーグなどに入れます。

お料理などをいっしょに行うことで、食べられるように仕向けていくことも試してみましょう。嫌いなものを食べた時は、その努力を褒めてください。

できなかったことができた時に、しっかりと誉めることが、「次もがんばろう」とい

う原動力となります。
お子さまに、嫌いな素材を使い、工夫して料理をさせるのも一案です。

A83
多くは、料理の工夫でクリアできます

Q84 遊びすぎて疲れ果ててしまうこともあります

毎日のアドバイス

そんな時は、睡眠をしっかりとるようにしてください。体を思いきり動かし、遊んだ後に出る疲れは、健康的な疲れですから、バランスのよい食事と睡眠をとることで回復するでしょう。

保護者の方がご心配なさるのは、このような状態だと受験勉強に差し支えてしまうのではないか、また、ほかのお子さまに後れをとってしまうのではないか、といったことではないでしょうか。

ご相談にあるような状態が毎日であれば「お子さまと一日のスケジュールを立ててみる」ということをおすすめします。何時までに朝ごはんと着替え、そして遊びを終えるのか、学習をするのかなど、お子さまと「お約束作り」という名目でスケジュールを立ててみましょう。

自ら立てたスケジュールに沿って一日を送るということは、お子さまの躾という側面から見ても非常に意味のあることです。保護者の方は、無理のないスケジュール立てができるよう導いてあげてください。

受験前のアドバイス

朝のうちに机に向かう学習を終わらせてしまえば、遊びすぎず、健康的な遊びができるのではないでしょうか。受験直前だからといって遊びを控えることはおすすめできません。お子さまが遊びから学ぶことは多くあります。また、しっかりとした食事、睡眠をとるように注意しましょう。

A84
睡眠とスケジュールに沿った生活でしっかり遊んでください

Q85　体調の変動がややあり、心配です

毎日のアドバイス

受験のためのスケジュールに無理はありませんか？

受験されないお子さまが周りで楽しそうにしているのを見て、自分も遊びたいという思いが募り、我慢をしているのかもしれません。また、塾や家庭学習漬けになり精神的、肉体的に限界状態のシグナルが出ているのかもしれません。

ストレスから来ることだとと考えられるのであれば、お子さまと話し合って、今どんなことを望んでいるのかを、はき出させることも大切かと思います。

一度、雰囲気を変えてみたらいかがでしょう。雰囲気を変えるといってもいろいろありますが、受験を中心にして考えられることは、野外の広々としたところへ出かけて、思いきり遊び発散することです。また、二日に一回でもよいですから、お子さまと保

護者の方とで、しっかり遊び楽しい時間を持ってみましょう。お友だちとでもよいでしょう。ストレスを発散させてください。

疲れが身体的なことから来るのであれば食生活や睡眠を考えてみましょう。塾通いや家庭学習などの忙しさに紛れ、バランスのよい食生活を疎かにすることはよいことではありません。

基本的に心身の健康は、バランスのよい食事、睡眠、運動（遊び）に注意することで保っていくことができます。いったん体調を崩すと回復するまでが大変です。バランスのよい食事、睡眠を充分とり、適度な運動をするようにしてください。

受験前のアドバイス

受験を前にした緊張とストレス、肉体的な疲れから来るのではないでしょうか。肉体的な疲れは、食事をし、睡眠をきちんととることである程度、防ぐことができますが、精神的な疲れはなかなかとれません。

いつも受験のことが気になっていて頭から離れなければ、平静にしていられるはずがありません。大抵の場合、試験直前になると保護者の方もお子さまも緊張感が高まり、イライラしたり、ストレスがたまったりしやすくなります。もし、自覚があるようでしたら、お子さまといっしょにリラックスする時間を設けてみましょう。

お子さまの気持ちにゆとりを持たせることが効果的な対策です。例えば、お子さまといっしょに公園で思いっきり遊ぶなど、時間を決めて行いましょう。

入試直前にそんなことをしていては……と焦る気持ちもわかりますが、根を詰め過ぎてしまっては、さらにストレスがたまりやすくなります。本番で、しっかりとこれまでの努力の成果を発揮することができるよう、直前だからこそ、意識的なリラックスの時間を設けましょう。

A 85

メンタルとフィジカル双方に気を配ってあげてください

Q86　親の言動すべてに神経質になっています

毎日のアドバイス

これは保護者の方に原因があると思います。お互いに穏やかな気持ちになるにはどうすればよいか考えましょう。

どのようなことでお子さまを叱りますか？　どのような叱り方をしていますか？　ふだんお子さまにどのような対応をしていますか？

ここでお子さまの立場に立ってみましょう。保護者の方の態度や話し方の口調の強さ、話す言葉などはどうですか？　感情で対応されていませんか？

子どもの気持ちは、もろく傷つきやすいものです。優しく包み込んでください。お子さまが寄り添い、頼ることができるのは保護者の方だけです。ふだんの話し方や態度を改めるには、自分で考え、工夫し努力することです。

感情的になった時に、気持ちを切り替え、落ち着かせるには、その場を離れてお茶でも飲んでみるのもよいでしょう。その間の時間が気持ちを落ち着かせてくれます。

家庭学習で、間違えたり、聞いていなかったりすることは多々あることです。保護者の方の心労も募るとはお察ししますが、笑顔になってください。

相手はまだ、幼児です。自分の感情を抑えることも、言い表すことも未熟で、不器用です。態度や話し方を改めない限り、どんなにやっても顔色をうかがうようでは効果が上がりません。腹が立った時は「まだ○歳、まだ○歳」と言い聞かせ、腹一杯にして気を静めてください。寝ているお子さまの姿を思い浮かべれば気持ちが静まりませんか？　かわいい無邪気な顔をしていますよね。

お友だちで真剣に話のできる方がいらっしゃれば、お話をして気分転換するのもよいでしょう。

受験前のアドバイス

この時期になってお子さまにそのような様子が見えてきた、というのであれば、保護者の方の話し方や態度など、お子さまへの対応を振り返り改めることです。入試直前で焦りがイライラを募らせ、お子さまへの対応が鬼のような感じを与えているものと思われます。面接時に仮面をかぶっていても、すぐに見破られてしまい、合格も危ぶまれます。お子さまの態度を観れば様子がわかります。

鬼はお子さまの心を傷つけ、今まで蓄積してきた能力も扉を閉めて出しきれません。よいことは一つもありません。

こんなことは、私が並べ立てるより、保護者の方が、一番よくおわかりのはずです。入学試験において一番大事なことは何でしょうか？　もう一度原点に戻って考えてください。

入試では、どのような家庭環境で育てられて、どのように育っているか、また入学してから伸びる環境で育てられているかについて、さまざまな角度から観察されます。お子さまの心に傷をつけると学力があっても合格は保証できません。入学試験は保護者の方への試験でもあります。冷静によくお考えになってください。

小学校受験は、合格することが目的ではありますが、もっと大切なことは、かけがえのない絆を深く強くし、豊かな心を植え付け、好奇心を持ちさまざまなことを会得して、二度と来ない大切な幼児期を過ごすことではないでしょうか。

お子さまは保護者の方が大好きです。保護者の方が笑顔になれば、お子さまは元に戻ります。直前でも大丈夫です。今から改めていきましょう。

A86

お子さまの人格は尊重すべきですが
まだ幼児だということも忘れないでください

Q87　幼稚園行事に参加して非常に疲れているのが気になります

Q88　体調のよい時は勉強できたのですが、決まった時間に机に向かえないのです

毎日のアドバイス

いつもの計画はどのようになっていますか？

体力の問題が浮上してくるようであれば、計画の練り直しが必要かと思われます。受験勉強はふだんの生活プラス、体力や精神力を使います。そのほかに園の行事などで疲れ、幼いお子さまにとっては、受験勉強に集中するのは大変なことだと思います。

幼稚園から帰宅後の勉強を、夜早く寝て、朝起きてからの勉強に切り替えてみませんか？　たとえ10分でも、毎日学習することが蓄積すれば、大きな効果をもたらしてくれます。朝の勉強は比較的効率よく取り組めるでしょう。朝の眠気を引きずっている時は、食べものか飲み物をおなかに少し入れると、目が覚めてきます。

受験前のアドバイス

幼稚園の一年のほとんどの行事は、春にわかりますから、受験勉強の計画と照らし合わせながら、直前の計画も考えて立てておきましょう。

園の行事などで疲れた時は、長時間の無理な勉強は避けた方が賢明かと思います。帰ってきてから取り組むよりは、可能であれば朝のうちのお勉強をおすすめします。

A87・88

学習計画を朝型に組み直しましょう

Q89　どうしてもダラダラモードになり、遊びに行きたがります

毎日のアドバイス

子どもの学習や成長は、遊びが基本となっているといっても過言ではありません。工夫、考え、運動機能の発達、協調性、知識、モラル、常識など、ここに列挙しただけでも、相当のことを身に付けることができます。また、遊びから育まれる興味、好奇心は大きな財産になるはずです。たくさん遊ばせるには、リズム感のある生活が必要です。まず、お子さまと計画を立てて実行することを試みて、努力してみましょう。

お子さまの行動パターンは、程度の差こそあれ、保護者の方の行動パターンの真似です。まずは保護者の方が「するべき時にはして、そうでない時にしっかり休む・遊ぶ」というメリハリのきいた行動パターンをとり、けじめをつけることが大切です。

受験前のアドバイス

　この時期になりますとお子さまも大分ストレスがたまって、逃げ出したいような気持ちでしょう。そのような気持ちを払拭するには、保護者の方の気持ちを切り替えていきましょう。また、試験直前になっても遊びたがるということは、お子さまが、受験というものを理解していないとも考えられます。「その小学校に入ると楽しいよ」などを保護者の方から説明し、お子さまに学校の利点を理解させてください。そして、時間を区切って遊ぶようにお子さまと約束してください。保護者の方もいっしょに取り組むことで、時間の区切りも守れるでしょう。

　穏やかで前向きな気持ちになったら、計画を立て、それに沿って学習をするようにしましょう。

A89

入りたい小学校について少し楽しみを先延ばしにするよう促しましょう

Q90　パソコンでのゲームをしたがります
（時間は決めていますが……）

Q91　テレビゲームの遊びが多いんです

Q92　外出や予定がないと、
テレビやゲームに何時間も費やしてしまいます

毎日のアドバイス

二、三回言い聞かせたところで、よい結果は望めませんから、時間をかけましょう。

また、言えばわかる、ということを過信すると、腹が立ったり、がっくり来たりします。

忍耐と時間を要します。することはしっかりしてからゲームをする。このことを認識させ、けじめをつけていくように仕向けていくことです。

けじめのないことを許している、その考えを改めてください。

受験前のアドバイス

直前でゲームをしたがったり、テレビを見たがったりする、ということは、ストレス発散の対象を求めている、とは考えられませんか?

全部をやめさせるのは得策とは思えません。一日に「テレビやゲームの時間」を決め、さらに守るべき約束と、約束を破った時の対応を決めていきましょう。時には、保護者の方もご一緒にゲームやテレビを楽しんでみてはいかがですか? 自分もするべきことをすれば、お○○さんもいっしょに楽しんでくれる、という思いを持つことにより、前向きな考えや行動となるでしょう。ゲームやテレビを、直前の焦りの気持ちや、追いつめられていく感覚を与えないツールであると考えましょう。気持ちも晴れていけば、学習へスムーズに移行することができます。あくまでも手段の一つとお考えください。

A 90・91・92

一緒に楽しんではいかがでしょう

Q93　左利きでお箸、鉛筆を右手に直していますが、なかなか直りません

毎日のアドバイス

何かお考えがあって直されたいのでしょうが、左利きで、何か差し支えがありますか？ほとんどの用具が右利き用になっているからでしょうか？もともと左利きであれば、お子さまは何をするにも、何ら不都合なことはないはずです。右利きに直される方が、迷惑なことかもしれません。

一度保護者の間で話し合ってみられたらいかがでしょうか。それで対策を考えられる方がよいかと思います。

受験前のアドバイス

直前になって直らなければ、そのまま左利きで過ごされる方がよいと思います。そのようなことを気にしてイライラすることは、お互いにマイナス面が出るばかりで、プラス面に働くとは考えられません。それよりも、ほかのことにその気力を使う方が賢明でしょう。

A93
無理に直すことの弊害に注意してください

Q94　幼稚園で運動不足、エネルギーの発散が充分できているかが心配です

毎日のアドバイス

帰宅してから、塾での勉強や習いごとなどで発散する時間や場所がなければ、幼稚園で発散しているものと思われます。

お子さまに何も感じることがなければ、充分とまではいかないまでも、発散しているのでしょう。ご心配でしたら保護者の方とごいっしょに、発散できるような時間を設けましょう。

受験前のアドバイス

幼稚園のことばかりを考えず、独自に発散の場を作ることをおすすめします。

直前になりますと、保護者の方の焦り、不安、緊張感の雰囲気が、何となくお子さまに伝わっていきます。お子さまは発散の仕方が不器用ですから、それが反抗という形で現れます。

そのような形で現れる前に、お子さまと発散の場を設けましょう。

A 94

どうしても心配であれば独自に発散の場を設けましょう

Q95　家の近所に自然も少なく遊ぶところがあまりないんです

毎日のアドバイス

あまり遠くなく、一カ月に一回程度、自然を求めて出かけられるようなところはありませんか？　体を動かして遊ぶとまではいかないまでも、自然に触れられるところがあれば気持ちも落ち着くと思います。

また、机上では感じることのできない植物の匂いや感触は本からは得られないものです。近所で遊ぶことができなければ、いっしょに散歩するのはいかがですか？　いっしょに歩くことで、いつもの風景が少し変わって見えるかもしれません。目にしたものの話や、とりとめのない会話などを楽しむこともよいものです。

受験前のアドバイス

入試直前になると、塾や家庭環境から受けるプレッシャーが大きくなります。

この時期になりますと、気分転換の意味も含め、自然に触れることで、気持ちが落ち着いてきませんか？

お住まいの環境によっては、遊ぶところがないということもあることと思います。

そんな時は、いっしょに散歩を楽しんでください。

A95

月に一回程度、出かけられる場所はないか、探してみましょう

Q96　受験の時の服装に困っています

受験前のアドバイス

「お受験ルック」という言葉も耳にしますが、寒暖に対応できて、体操があっても差し支えのない服装や髪型が望ましいです。清潔なものであれば、大丈夫です。服装や持ちもので合否を決める学校は一校もありません。噂に惑わされないで、ご自分のしっかりした考えを持ってください。親のエゴや見栄には支配されないでください。また、同行される方の服装も同じようにお考えください。常識の範囲内の服装であれば充分です。

A96　常識の範囲内であれば充分です

Q97　兄妹がいるため勉強に集中できていないようです

Q98　兄弟喧嘩をするのでやらないようにしたいです

Q99　下の子が幼いため、自宅での勉強が難しいです

毎日のアドバイス

受験され見事合格をされた、海外の方の例を取り上げてみます。

日本語もたどたどしい海外の方で、日本の男性と結婚されて二児の母親となり、受験を考えていた方がいました。どのような教え方をされているのか、たずねたことがあります。その方は、ご自分で辞書を引き、問題文を翻訳することから始めていました。お子さまと問題演習をするために、問題文の単語など辞書を引き、まず読めること、意味を知ることに努めていたからです。またその間、お子さまは邪魔をしないよう、教育されていました。上のお子さまの受験勉強中は、下のお子さまを寝かせるか、お

もちゃで一人遊びをさせることもしっかり教育ずみでした。

私が伺った時は、お子さま二人に「今、あなたのお勉強のことで、大事なお話をしているから、あなたは絵本を読んでいてください」と、言われたことを守るようにしっかり躾けてありました。

下のお子さまは、ようやく歩けるような年齢でしたが、甘えがなく徹底した躾教育は、お子さまの身に付き、けじめをつけられる見事なものでした。

「人のせいにしないことを、子どものために躾けています。終わったら遊びますから心配しないでください」と自信に満ちて話された言葉が記憶に残っています。

これは海外の方だから、ということではないと思います。保護者の方もお子さまも、環境に甘えて、できることを、できないと思いこんではいませんか？

保護者の方に、考え方や工夫、実行力が足りないのではないか、また、お子さまは環境に甘えていないか。それを考える、一つの参考になさってください。

受験をされるお子さまだけの教育を重点的にすればよい、という教育では、ほかのお子さまに悪影響を及ぼします。家庭の教育方針が、受験だけになってしまいますから。兄弟姉妹を含めた教育方針を考えてください。

「この時間はお勉強の時間で、あなたたちは、この時間は何をしたいか」ということとを考えさせ、邪魔をしないように指導することが教育です。

たとえ小さくても、一人前扱いをされれば自尊心をくすぐられ、それなりの考えを出してくるでしょう。あまりにも小さいお子さまであれば、寝かせるなどをして環境を整えるようにしましょう。

言い聞かせたことを守れるのははじめのうちだけで、身に付くまでには、繰り返しと忍耐が強いられるでしょうが、これができるようになれば、お子さまは、すばらしい財産を身に付けられます。

兄弟・姉妹がいるのは幸せなことです。喧嘩ができることも幸せなことです。喧嘩をして痛さや嫌な思いを知り、そこから思いやりを持てるようになります。だから手加減も覚え、仲直りすることも覚えます。喧嘩はダメ、というだけでなく、どうすればよいのかをプラスの方向に考えられるような指導をしてください。

受験前のアドバイス

兄弟・姉妹がいるからできない、というのではなく、兄弟・姉妹を、受験をするお子さまが学習ができる環境作りに協力するよう躾けておくことが教育です。

受験されるお子さまについても、兄弟・姉妹がいるからできない、と人のせいにするのではなく、いてもできるように指導していくことが大事です。

入試は、数人ごとのグループで進められる学校が多いですから、よい訓練の場でもあります。

人のせいにするのは、あなたがやろうとする気持ちがないからだ、ということ、そして、誰かのせいにして逃げなくても、あなたならわかるし、できる、と自信を持たせましょう。

また、何らかの行事で学校へ足を運び、見てきた学校のことを話し、お子さまの志気を高めていきましょう。

A97・98・99

兄弟・姉妹を含めて しっかりとした躾をしてください

Q100 椅子に座る姿勢が悪いんです

Q101 座っている時の姿勢が悪いんです。二、三分ならば維持できますが五分以上保てません

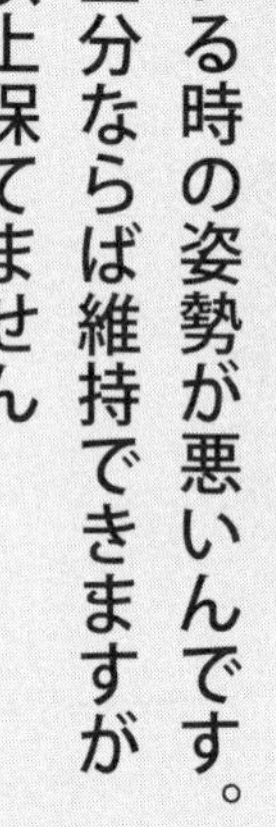

毎日のアドバイス

椅子に座ると姿勢が悪くなるお子さまの多くは、背もたれに寄りかかってしまっています。

そのような場合には、寄りかかれない丸椅子に座らせることをおすすめします。背もたれがなければ、寄りかかることもできませんし、椅子の上であぐらをかいてしまう、という場合でも、座る場所が小さいため不可能です。

そのような環境であれば、自ずと座っていなければなりません。また、背中が丸ま

ってしまう、というお子さまについては、昔ながらの、定規を背中に入れて座らせるという方法もあります。また精神集中も兼ねて、座禅を組むなどもよいのではないでしょうか。

一番大切なことは、保護者の方が模範となる姿勢をとっているかどうかです。保護者の方自身の姿勢が悪いのに、お子さまに対して、姿勢をよくしなさい、と言ったところで効果はありません。

お子さまを指導する前に、指導しなくても身に付くような環境作りを心がけてはいかがでしょうか。

よい姿勢を継続できる時間に関しては、繰り返して行うことで、少しずつ延びてさます。焦らず、じっくりと取り組んでください。

受験前のアドバイス

精神を集中する訓練をしてください。年長の秋という時期を考慮すると、きちんと座ることは身に付けておく必要があります。40分間の試験時間を設けている学校もあります。その間じっと椅子に座っていなければなりません。

学習を始める際、気持ちを切り替える行動を取り入れる（黙想やあいさつをする）のも有効です。また、姿勢を保つために、壁に向かって正座をするのも一案です。壁に向かって座る理由は、視界に余計なものが入らないようにするためです。

このように、さまざまな方法がありますので、お子さまに合った対策をおとりください。じっと座っていられない、と嘆く保護者の方とお話をしますと、基準を大人と同等に考えている方が多く見受けられます。お子さまの年齢はまだ六歳です。六歳には六歳なりの、できる基準があります。焦っている保護者の方には、自分と同じ結果を得られないと満足しない、という傾向がありますので、まずは落ち着いてください。

学習をする際、座っていられないお子さまは、ほかにしたいことがあるから気が散るということも考えられます。勉強をしている間は、集中できるように、勉強する前にもっと遊ばせる、または勉強が終わったら思いきり遊ぶなど、お子さまときちんと話し合っておくこともよいでしょう。身体を動かすことも大切です。

A 100・101
さまざまな方法を試してください
大人を基準にすることは、避けてください

Q102 お手伝いやお料理などをさせたいのですが、幼稚園と幼児教室にだけで一日が終わり、なかなか毎日続けることが難しいです

毎日のアドバイス

お手伝いは朝のうちにさせ、お料理などは休みの日にもできることをしましょう。お手伝いは、毎日することに意義があります。今日はしたけれど、しばらくしていなかった、というような、中途半端な教育は感心しません。手伝うことを決めて、それを毎日やることが大事です。

お子さまにとって、今何が大切なのかを、よくお考えください。その年齢で身に付けなければならないことがあります。ある意味、学習よりも、もっと大切なのではな

いでしょうか。小学受験は、お子さまの頭脳だけで判断するわけでない、ということはご承知だと思います。

受験前のアドバイス

お手伝いなどはさせず勉強一筋、まっしぐらと、保護者の方の考えが大分狭くなってきている時期でもあります。この時期だからこそ、自分の決められた手伝いはしっかりしてもらうとともに、早寝早起きを心がけ、体調も自分で注意するよう指導していくことが大事です。

指示待ちではなく、自分から進んでできるように持っていくことができれば最高です。学校では、そのようなお子さまを望んでいるはずです。

A 102

お手伝いは、毎日することに意義があります

Q103 起床時刻がバラバラで、決まった時間に起きてきません
Q104 夏はよかったのですが、冬は寒いせいか布団から出てきません
Q105 起床時刻が遅く、幼稚園の登園準備に時間がかかります

毎日のアドバイス

お子さまばかりではなく、大人も同じ気持ちです。ただ大人の場合はさまざまな事情から起きざるを得ませんが、お子さまにはそのように、どうしてもということがありません。

そこで、大人と同じように役割を与えてみましょう。例えば、（嫌いでなければ）住

宅事情の許される範囲で生きものを飼い世話をすること。それには保護者の方は一切手を出さない。世話をしなければ死んでしまう、ということを伝えます。

または、食事の時にごはん茶碗を出すこと。起きてこなければ食べないで待つことで、自分が何かをしなければ、みんなに迷惑がかかるような役目を考えてみましょう。食事のための料理をいっしょにする、ごはんの時間を早める、などもよいでしょう。

ほとんどの学校では、秋から冬に試験が行われます。寒くて起きられないのでは、試験に間に合いません。今のうちに早く起きて支度をする習慣を付けるように考えていきましょう。

起きてすぐはまだ脳がすっきり起きていないはずです。ある程度の余裕を持って起きる時刻を決めるようにしておくとよいでしょう。

A 103・104・105 やむを得ず起きる、という状況を作ってしまいましょう

Q106 夜なかなか寝つきがよくありません

Q107 いつも通りを心がけていますが、寝る時刻が遅くなっています

Q108 夜眠るのが遅くなったり、出かけたりすることが増えています

毎日のアドバイス

どのようにしたら早く寝てしまうかを考えてみたらいかがでしょう。そして、寝てしまう状況を作ってみてください。また、お子さまが寝る時刻に、保護者の方が楽しそうにテレビを見ていたら、お子さまは気になって眠ることができません。お子さまに添い寝をしてはいかがでしょう。家の中は真っ暗ですから仕方がありません。焦らず、怒らず、楽しく取り組んでください。

受験前のアドバイス

試験はおおむね、午前中に行われます。そのため、お子さまを朝型にしなくては能力を一〇〇％発揮することが難しいでしょう。

脳は起きてから三時間程度経たないと、能力をフルに活かすことができません。試験時間を考慮して、何時に起きればよいのかを考え、寝る時間を守らせることです。

直前になりますと、お子さまも、神経が高ぶってなかなか寝つけない場合があります。ゆっくり風呂に入り、お布団に入ってから電気を消して、眠気を誘うようなお話をすることも有効な方法でしょう。

毎日続けることで習慣化すれば、その時刻に自然と眠りに入っていきます。

A 106・107・108

眠るパターンを観察しましょう

Q109 塾などで帰りが遅くなり寝るのが遅くなってしまいます

毎日のアドバイス

お子さまが幼稚園に行っている間など、日中のうちに食事の用意をしておくことで、時間を短縮できませんか？

お子さまの健康な心身を考えると、寝る時間を削ってまでやるメリットは何でしょうか？　本末転倒ではありませんか？　お子さまにとって何が大事なのかを、よくお考えになってください。

受験前のアドバイス

試験直前でに睡眠時間を削ってまで、塾でのお勉強を優先させる意義はわかりかねます。せっかく学習してきても、寝不足、ストレスなどの悪影響から、自分の持っている能力を出し切れなかったのでは、悔やみきれません。

直前ですから試験に備えて早寝、早起きを徹底するとともに、心のゆとりをもたせることが何よりだと思います。

A
109

寝る時間を削ってまで勉強する必要はありません

Q110　塾を複数かけ持ちで行かせており、文句を言わずにがんばっているのはいいのですが、体力的・精神的に持つかが心配です

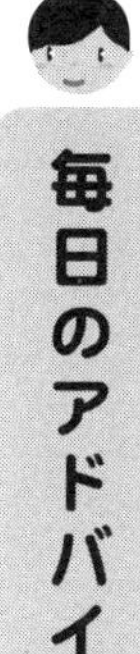

毎日のアドバイス

楽しく通塾しているのなら、現時点で大きな問題はないでしょう。

しかし、学習というものは、机上だけでするものでもありませんし、通塾しているからすべてが大丈夫、ということでもありません。順調な時はよいのですが、一度つまずき出すと、連鎖的につまずく可能性がありますから、保護者の方はそのことをあらかじめ考えておく必要があります。

また、多くの塾に通っている場合、塾によって指導方法が違いますから、お子さまが混乱する場合があります。その時は、保護者の方が「こうすればいいよ」と速やか

に対応してあげてください。そこでタイムラグがあると、お子さまに不安を与える可能性があります。

その他考慮する点としては、遊びの時間を充分に確保してあげることでしょう。遊びの中から学ぶことは多く、特に人との触れ合いは、これからの集団生活においては大切になってきます。幼稚園や保育園とは違う環境で、お友だちとのびのびと遊ぶことも大切です。体力的や精神的に潰れてしまったのでは、救いようがありません。

保護者の方が心配されているということは、相当ハードなスケジュールをこなしてることでしょう。お子さまの身になって考えてください。まだ、嫌だ、疲れたと言ってくれる方が心配が少ないですね。

受験前のアドバイス

試験直前はどの幼児教室でも追い込み体制になります。そのような状況に置かれたお子さまは、かなりのストレスを抱えるでしょう。

しかし、それより心配なのが、保護者の方の焦りです。あっちの幼児教室ではこうだった、こっちの幼児教室ではこうだったと右往左往したあげく、そのイライラをお子さまに向けてしまうことや、言葉が荒くなる保護者の方が多くなるという点です。

お子さまは保護者の方の言いなりに動くわけではありません。一個の人格として、きちんと相手を尊重して対峙しなければ、お子さまを潰すことになります。

多くの場合、幼児教室のかけ持ちでお子さまが潰れるのではなく、その状況に対応できなかった保護者の方によって潰されることがほとんどです。

もし、試験前になってこのような状況が続く場合、思いきって幼児教室を休み、三日間でよいですから、お子さまに終始寄り添ってあげてください。お子さまの顔は一変すると思います。そうしたら、二人三脚でがんばれば大丈夫です。

A
110

お子さまの心身に気を配ることはもちろん保護者の方のイライラに注意です

第３章

性格 編

「うちの子って○○だから……」

保護者の方のそういう声を、よく耳にします。

もちろん、お子さまについて、保護者の方が誰よりも知っているのは間違いありません。ただし、その言葉が、お子さまを規定してしまっていたら、どうでしょう？

また、保護者の方が「「うちの子って○○だから……（仕方がない）」と、諦めてしまったら、どうなるでしょう？

お子さまは、まだ幼児です。これから、どんどん新しいことを身に付けられるのです。保護者の方が、思いもかけない能力を開花させるだけの時間は、充分に持っているはずです。小さなころは苦手だったけれど、ある時点で才能を開花させた……そういう人の話は、枚挙に暇がありません。

だめだ、できないと決めてしまうなんて、もったいないです。それに、決めてしまったら、子育てが味気ないものになってしまいます。

そして、短所だと思っていたところも、見方によっては、得がたい長所なのかもしれません。

この項目には、お寄せいただいたお悩みのうち、お子さまの性格についてのアドバイスを書かせていただきました。また、お子さまの能力を引き出すためのヒントについても付記しています。

目前の受験だけでなく、お子さまの将来のために、そして保護者の方ご自身のために、小学校受験という体験をともにすることの意義を読みとっていただけると、幸いです。

Q111 集中力が切れてくると別のことを始め、何を言っても聞かなくなります

毎日のアドバイス

この質問は二つに分けて考える必要があると思います。前半についてですが、集中力が切れると他のことに意識が向きやすくなりますし、ほかに興味のあるものが現れれば、そちらに意識が移るのは、子どもらしいといえば子どもらしい行動ではないでしょうか。集中力をつけるための方法は、『ズバリ解決！　お助けハンドブック　学習編』の145ページに紹介してあるので参考にしてください。

ここでは、後半部分の悩みに答えていきたいと思います。わがままも子どもらしい行動の一つですが、年長児であるなら、多少は分別がつくようになって欲しいものです。

しかし、そこは子どもですから、日によって気分も違うでしょう。お子さまを一定

期間観察し、常に言うことを聞かないのか、たまたまそういう行動をとってしまったのかを判断してください。わがままを言う原因の一つに、今まで保護者の方がお子さまを甘えさせていた、ということが考えられます。

常に言うことを聞かないのであれば、親子関係に甘えがある可能性が大です。お子さまだけでなく、保護者の方ご自身を含めて見つめ直してみてください。

この関係を修正する時も、お子さまに何かを強制するのはよくありません。お子さまが自分から気が付くようなことを主にしたアドバイス、言葉がけを行うようにしてください。

受験前のアドバイス

実際の入学試験現場は、空気が張りつめていて、お子さまもかなり緊張します。年長児なら、今何をしているのか、今何をしなければならないのかくらいの分別はつくはずです。よほどハチャメチャな行動をとるお子さまでない限り、保護者の方がびっくりして倒れるようなことはありません。

試験直前になって、性格の根本的部分を修正しようとしても、なかなか良策があるわけではありません。保護者の方の育児を振り返り、ご自身で反省することしかないでしょう。いくら嘆いても、天に唾するようなものです。

あえて直前の対策を行うなら、お子さまに対して、何かを取り組む際に、ルールを決めるようにしてはいかがでしょうか。

また、調子に乗っているお子さまを叱る場合、クドクドと言っても効果は上がりません。強く叱る時は、端的な言葉で、手短にしてください。長く叱っても、お子さまは保護者の方の話を聞いていません。聞いていたとしても、別の意識が頭の中を駆けめぐり、きちんと飲み込むことはができず、逆効果です。

保護者の方は、引きずらないように注意することが重要です。状況（場面）が変わったら、保護者の方は表情や気持ちを切り替えてください。

A111
わがままにある言外のメッセージに耳を傾けてください

Q112 お友だちを見つけるとキョロキョロしたり話をしたりと、テストの緊張感が少ないのが悩みです

毎日のアドバイス

最初に、お子さまの日常生活を振り返ってみましょう。次の行動に移る際、キビキビとしているでしょうか。お子さまですから、好きなことをしている時と、そうでない時とではムラがあるかと思いますが、「やる時はやる」ことを意識した生活になっているか否かが一つのポイントになります。

集中力が欠けてきたと感じた時に、「こうしなさい」と言葉がけをしてはいませんか？このような言葉がけをしますと、次の行動に移ったとしても、理解をして次の行動に移ったのではなく、言われたからやっている、という行動になってしまいます。その

繰り返しでは意味がありません。

ここで大切なことは、「今何をする時か」をお子さま自身が理解して行動しているか、という点です。ですから、言葉をかける際も、今は何をすべき（している）時なのかを、自分自身で判断するような問いかけをしてください。

また、このようなお子さまの場合、キョロキョロするのは、お友だちを見つけた時だけではないと思います。指導する際、その場だけで注意をして身に付くことではありませんから、日常生活そのものを見直してください。

時間がかかることですので、腰を据えてがんばりましょう。

受験前のアドバイス

試験が近くなってきた時は、キョロキョロすることをやめさせなければなりません。もし、試験中にこのような行為があった場合、行動観察のチェック対象となります。多くの学校では、授業の運営を妨げる行動を示すことを、重大な欠点として観ていますから、テストの時にそのような行動をとる志願者をチェックするのです。

まずは、保護者の方の気持ちを落ち着かせて、大らかな気持ちでお子さまとの話し合いをしましょう。いきなり注意すれば、お子さまのよい点まで潰してしまいます。

お子さまと向かい合って座り、公の場での自分勝手な行動は、他人に大きな迷惑をかける、ということをきちんと説明してください。

そして、もし自分が同じことをされたらどう思うか、とたずねてみましょう。おそらく「嫌だ」と答えるでしょう。自分が「嫌だ」と思うことを他人にしている、ということを、きっちり自覚させるのです。

その後で、どうしたらよいのか、よいお手本を保護者の方が示してあげてください。お手本を見た後、お子さまに同じ行動をさせてみます。できた時は、たくさん褒めて「やればできる」ことを自覚させてください。

苦手と思うことの根源には、「楽しくない」という気持ちがあります。まずは「楽しい」と思わせてあげることが大切でしょう。

A 112

自分がされて嫌なことは他人にもしないという自覚を持たせましょう

Q113 男の子であるため、やはり器用なことが苦手であります

毎日のアドバイス

「男の子だから器用なことが苦手」という決めつけは感心しません。その決めつけが伸びを削ぎ取っているのかもしれません。

お子さまは、方法が飲み込めなかったり、要領が悪かったりするだけでしょう。毎日コツコツ練習していれば、不器用でも必ず成果が出ます。

出来上がった結果への評価を「上手くなった、よくできた」と言葉にして伝えるようにすれば、必ず伸びてきます。時にはオーバーに褒めることも伸びを手助けする要因の一つです。

ただし、この時に、苦手なことばかりさせないように気を付けてください。

受験前のアドバイス

何が苦手であれ、苦手なことを中心に、試験前日まで学習や練習を続けていきましょう。毎日短時間で結構です。

昨日より今日、と上手くなっていることを伝えて、自信を持たせてください。自信を持つことは、明日への励みにもなります。また、できないからといって、叱ったりはしないでください。

この時、苦手なことだけに集中するのではなく、お子さまのよいところを活かすことのバランスを考えることも大切です。試験直前に自信を失うことは、絶対に避けなければなりません。

A113

毎日練習していれば必ずできます
決めつけはせず、伸びを手助けしましょう

Q 114 考えるのに時間がかかり、答えるのが少し遅めです

毎日のアドバイス

少しずつ解答の時間を縮めていく練習をしていきましょう。

答えられる問題ができたら、時間を計って挑戦します。類似問題の解答時間を短縮できたら、しっかり褒めて自信をつけてあげてください。

難易度が上がったり、新しい問題だったりした場合には、時間をかけて指導し、しっかり理解させてください。その問題の理解ができたら同じレベルの類似問題に挑戦してみましょう。その上で時間を計ります。

自信がついて、さらに高いレベルの問題に挑戦する時は、時間よりも意欲を褒めてください。

入試直前にこのような状態では焦るのは当然だと思います。

しかし、答えるのが少し遅い、というのは、誰と比べているのでしょうか？　すべてが遅いのですか？

よくお子さまを見てください。夏休み前と比べて早くなっていませんか？　お子さまの成長以上に、保護者の方の期待が先に進んでいるのではないでしょうか。入試に大切なのは、諦めずに最後まで一所懸命に行うことです。

あとはもう少しだけ、自信をつけてあげてください。

A114

お子さまの成長に注目してください

Q115 言葉に詰まることが多いです

毎日のアドバイス

原因として考えられることは、生活の中でのコミュニケーション不足です。

お子さまの性格にもよりますが、語彙数が少ない、文章の構成が苦手、といったことが原因で、言葉に詰まってしまうのです。まず年齢相応の語彙数と、言葉の使い方を学びましょう。

幼少時には、言葉をほとんど耳から学びますので、言葉に触れる機会を多く持ちましょう。そのためには、会話をする機会を持ったり、発表したりする機会が必要です。

例えば、一日の終わりに、今日の楽しかったことを発表する時間などを作ってはいかがでしょうか。これを読み聞かせとともに習慣化すれば、言葉の意味や使い方を飛躍的に成長させるきっかけになるかもしれません。

お子さまによっては、言葉を覚えるのが遅いお子さまもいます。成長に個人差があるように、言語の発達にも個人差がありますので、過度の心配はなさらずともよいでしょう。

なお、言葉に詰まることは入学試験には影響がありません。話をしようとする努力が見えればよいのです。

受験前のアドバイス

試験直前になりますと、保護者の方が神経質になり、お子さまの話し方をいちいち注意する傾向が目立ちます。そうすると、お子さまは話していても、ちょっとしたことで言葉が出なくなったり、どう話したらよいのかがわからなくなり、言葉に詰まってしまいます。

直前になってこんな状態の時は、「慌てない慌てない、上手く話ができたね。よかったよ。つっかかりながら話してもいいんだよ。最後まで話したことがとてもよかったよ」「この話の時、もっとほかに言い方があるかな、ちょっと考えてみて、私も考えてみるから、後で教えてね」と課題を与え、次に話す材料とチャンスを与えます。

つまり、話したことを否定したり注意をするのではなく、気付かせるような言い方をしてください。お子さまが上手く話せたかどうかより、話そうとする努力を褒めてください。

直前だからと特訓することは逆効果になりかねません。ふだんの話し方ができれば充分です。

そもそも、このお悩みは、面接テストや口頭試問テストを意識してのものではないでしょうか。まず、これらのテストにおいて、少し言葉に詰まる程度であれば問題はありません。人がすることには、必ず間違いがあります。保護者の方もそういった経験があるのではないでしょうか？　その時、周りの方の反応はいかがでしたか。それを問題視することはなかったかと思います。この「詰まり」も、経験を積めば、改善されていきます。

A115 話す努力が見えれば、受験には影響しません

Q116　引っ込み思案な性格のため集団での行動には不安が残ります

Q117　思ったことをはっきり言えません

Q118　声が小さく、積極性に欠けます

毎日のアドバイス

引っ込み思案であっても、よいところは必ず現れます。集団行動をかき乱すようでは困りますが、そうでなければ集団行動での心配は無用でしょう。必ずお子さまのよいところは行動に出ているはずです。

よく観察すると、ほかのお子さまにはないことが行動に現れているはずです。それを取り上げて褒めてください。ちょっとしたことを褒め、本当にしてほしかったことは、

「○○はこうしようと思っていたのね。気が付いたことはすばらしいね。今度は少しがんばってやってみたいと思う？　偉いね」と話してみてください。

チャンスは一度きりではありません。保護者の方が見つけたお子さまのよいところを褒めていけば、自ずと自信もついてきます。もっとお子さまを信じてください。

声の小さいことや思ったことをはっきり言えなかったとしても、強要することが逆効果になり、話すことに消極的になってしまったら大変です。自信のあることや楽しいことを話す時は、ある程度の大きい声で話しているでしょう。

つまり、ここでは自信を持たせてあげることが主目的ではなく、自信がつけばだんだん大きな声になっていきます。そして、話したことの勇気を褒め、笑顔で受け止めてあげてください。お子さまはとても救われた気持ちになるでしょう。

決して叱ったり強要したりしないでいただきたいのです。お子さまも努力しているはずです。その気持ちを理解してじっと待っていてください。褒めながら自信をつけていくようにしていきましょう。

声を大きくしていく一つの例としてこのような方法はいかがでしょうか。おすすめするのは、マイクを使用する方法です。子どもはマイクが好きですね。マイクを握ると、「アー」、「ウー」と声を発しませんか。大きな声を出すということよりも、単純に声を発することが大切です。声を出すことが楽しい、という思いを抱かせることで、抵抗を減らしていきます。

この段階では、声が小さくても気にしないでください。大きな声が出た時は、オーバーアクション気味に反応してあげると子どもは喜びます。そのほかにも、山や海に行った時に大声で叫んでみることも効果があります。おなかの底から声を出すことで、気分がよくなるという体験をさせてあげましょう。可能であれば、やまびこの経験などは楽しくて効果があると思います。

後は、テレビなどでよく見られる腹式呼吸のトレーニングを取り入れてみるのもよいでしょう。割り箸を口に挟んで……などの方法がありますが、どれもユニークな顔になりがちです。とにかく笑いながら、楽しく取り組んでください。狙いは、楽しんで声を出すことです。繰り返し行い、自信がつけば、自ずと声は大きくなります。

受験前のアドバイス

引っ込み思案な性格を無理に直そうとすれば、お子さまの持っている、よいところが出せなくなってしまう可能性があります。

入試直前に引っ込み思案のままであっても、お子さまはお子さまなりに考えてやろうとしているはずです。じれったくなって保護者の方から、口を出したり、手を出したりすることは、お子さまの考えを否定することになりますので、避けてください。

そして優しく「あなたができることを一所懸命にやればいいのよ」「先生もあなたの考えや思っていることや考えを知りたいと思っている」という内容の話をしてみてください。

集団行動で消極的であってもみんなと行動がともなっていれば、必ずよいところが出てくるものです。全く何も手を出さず、みんなとの協調性に欠けるというのであれば、いささか問題は残りますが、そうでなければ、そんなに気になさらないでもよいでしょう。

この時期ではかえって自然のままの方が、お子さまのよいところを出せるでしょう。

A 116・117・118

無理に直そうとせず、よいところを伸ばします

Q119　恥ずかしがり屋さんなので
人前では表現力に欠けてしまいます

Q120　恥ずかしがり屋なので外ではとてもおとなしく、
あまり話しません
慣れたところではとても活発で
お話もよくするのですが

毎日のアドバイス

入学試験ははじめてづくしです。知的分野の力も必要ですが、何よりも、はじめての場所で力を発揮することが求められます。恥ずかしがり屋のお子さまにとっては、この壁は高く、分厚いものに感じるでしょう。

トレーニングをする際、いきなり上級者向けのことに取り組むと、より引っ込み思案になってしまうこともありますから、まずは、人数が少なくて、慣れたところで始めてみてはいかがでしょうか。自信をつけたら次のステップに進むようにするとよいでしょう。

ここでは「できたね」という言葉がけもよいですが、定着するかどうかのタイミングで、「気が付いたら、できるようになっていたね。すごいね」というように、お子さまが「簡単なんだ」という印象を持つような言葉も使ってみてください。

また、お子さまが入りやすいパターンを確立していくことも一案です。得意なパターンを持つことで、自信にもつながります。その際、パターンを複数身に付けるようにしてください。一つに絞ってしまうと、その方法が失敗した際、そこでつまずいてしまいます。

受験前のアドバイス

たとえ恥ずかしがり屋さんでも、調子に乗ればできるはずです。この性質を利用して、調子に乗るような環境を作ってしまえばよいのではないでしょうか。

また、はじめての場に連れ出して、保護者の方の役に立った、というシチュエーシヨンをあえて作り、実行させるのもよい方法です。

総じて、恥ずかしがり屋さんには責任感の強いお子さまが多く、いい加減なことをあまりしない傾向にあります。また、一つひとつの行動がていねいではないでしょうか？

保護者の方は、そのようなよいところを見つけて、すばらしいことだと伝えてあげてください。ふだんから努力してきたことがどれだけ引き出せているのかにもよりますが、この時期に来て、特効薬はありません。ふだんしていることを続けて行きましょう。そして優しく、自信を持てるような声かけ、話し方を続けましょう。

A
119・120
誰かの役に立った、という
自己肯定感を育みましょう

Q121　人前で話すのが苦手です
また、人と関わるのも難しいです

Q122　初対面の人と仲良くなるのに、
とても時間がかかります

毎日のアドバイス

慣れるまで時間がかかる、ということは、人と関わることはできるわけです。後は経験を積んで慣れることです。地域の行事に積極的に参加したり、お買いものを頼んで、お店の人と会話をさせるようにしたり、電車に乗る際に、駅員さんにどのように行くのがよいのかを聞きに行かせたりと、日常の生活において、人と関わらせるようにすればよいと思います。

そして、その行為がみんなのためになったと自覚できる環境を用意することで、お子さまは自信を持てるようになるのではないでしょうか。自信がついてくれれば、ほかのことは少しずつ解決していくと思います。苦手なことの克服は、想像以上のストレスを与え、パワーと時間を要します。そのため、保護者の方が焦るとお子さまに必要以上のプレッシャーを与えることになります。

ポイントは、保護者の方が、お子さまのできたところを見つける目を持ち、言葉に出して認めてあげることです。

人見知りは、いろいろな場所で、いろいろな経験を積み、自信をつけることで克服していきましょう。今まで保護者の方がお子さまの代わりに話をしたり、行動をされてきた回数が多かったのではなかったですか。？　ここで自立をさせるようにしていきましょう。例えば、出かけた時に道を聞く、トイレなども自分で聞いて行く、はじめはこのような小さなことからでもスタートしてはどうでしょうか。なるべく知らない人に触れ合えるような場所へ出かけ、遊んだり話し合ったりする機会を作り、自信をつけてあげましょう。

受験前のアドバイス

試験中に起こりうる状態としては、人と関われずに孤立してしまう、調子に乗りすぎてついつい騒ぎ過ぎてしまう、などがあります。

保護者の方としては、その中間あたりで上手く立ち回ってくれればいいと願う気持ちがあるでしょう。今まで話したくても話せなかった分、慣れてくると一気に話し出し、分別がつかなくなるのかもしれません。

その場で話すことではなかったり、話が止まらなかったりした時は、その場で指導してください。後になるとお子さま自身、わからなくなる場合があります。

調子に乗ってしまう場合のトレーニングとしては、美術館など、静かに鑑賞しなければならない場所に連れて行き、騒ぐことがどれだけ周りの人の迷惑になるかを体感させてはいかがでしょう。

最近は少なくなりましたが、知らない大人の人に叱られる、という経験も効果があります。この場合は、叱られた後に保護者のフォローが必要となります。

また、人と接するのが苦手な場合は、買いものにいっしょに行き、店員さんに購入する食材の場所を聞くなどさせてみましょう。初対面の人と会話をすることになりますから、この方法は面接の練習にもなります。

受験の直前は、学校の先生方はとても親切で優しいから、心配することはない、ということや、あなただけではなく、お友だちもみんな不安であることなどを教えてください。

そして、保護者の方はお子さまの言葉や行動の代わりはせず、お子さま自身に話をさせてください。それが次のステップに進む原動力となります。上手くできた時には、自信をつける言葉で褒めてあげましょう。

A 121・122

試験官の先生がみな優しいこと ほかのみんなも不安であることを伝えてください

Q123 指示をすると動きがにぶってしまいます

Q124 きびきび動くことができないように思います

毎日のアドバイス

ふだんの生活リズムに対する感覚が希薄で、何となくスローペースになっていませんか？　まず一日の計画をお子さまといっしょに立ててみましょう。

いつもは保護者からの指示で行動をしている結果、自分の意志が弱くなってしまい、考えに工夫がなく、言われたことをすればいい、ということになっているのでしょう。

計画を立てるということは、自分で考え工夫して行動することです。お子さまにはこれが必要かと思います。

また、保護者の方がお子さまの行動が遅い、と思い込んでいる節はありませんか？　おそらく今までにもお子さまなりに努力して、早くやっていたこともあったかと思います。保護者の方の思い込みで、それを見過ごしてはいませんでしたでしょうか？　努力を認めてもらえなければ、早くしようとする努力もしなくなります。少しでも早かったら、認めて褒めてください。どんなささやかなことでもお子さまの努力を評価して、次に結び付けていくことです。

そのためには保護者の方の考えも切り替えていただけたらと思います。注意ばかりしてストレスをためていくよりは、無理せずに穏やかに行動させていけるのではないでしょうか。

受験前のアドバイス

行動が遅かった時に、どのような声がけをされていましたか？　それは効果がありましたか？　直前になっても効果が現れていなければ、今までの声がけなどを、がらりと変えてみましょう。

入試直前になると、保護者の方もお子さまも神経がピリピリしています。行動が遅くても、途中で投げ出さずにしっかり最後までやることはすばらしいことです。遅いことに神経を集中させるのではなく、遅くても投げ出さず最後までやることを賞賛し、気持ちを穏やかにしてください。

そして少しずつ早くできていることをお子さまに告げ「この調子であなたらしくやっていこうね」と励まして自信を持たせることで、効果が上がるでしょう。

A 123・124

できていることを指摘し、自信を持たせましょう

Q125 何をするのもゆっくりで悩んでいます
Q126 行動に移すのが遅いです

毎日のアドバイス

何をするのもゆっくり、というのは、マイペースであるともいえます。人それぞれ違うように、同じようなスピードでできないお子さまもいます。しかし、その子は別の子にはない、すばらしいものを持っているのではないでしょうか。

スピードは、反復することである程度は速くなります。それを意識させるようなゲームを取り入れてはいかがでしょうか。一覧表にタイムを記入し、どれくらいアップしたかをわかるようにします。同じことを繰り返すと自然とタイムも伸びますし、一覧表に書くことで時間も意識させることができます。ゲームは、できるだけ単純、かつ短時間でできるものの方が効果的です。

受験前のアドバイス

試験直前は、あまりガミガミと言わないようにしてください。お子さまもナイーブになっている時期です。繰り返し何度も言うことは、かえってお子さまのよいところを奪いかねません。

後は、ふだん勉強などでがんばっているから、気分転換をしようといって、全ての行為に制限時間を設けて、その時間内で結論を出すようにする。例えば、洗濯物をたたむにしても、三分以内でできればお菓子が待っている、というのも一案です。

ただし、時間の短縮を求めるあまり、雑になってしまってはいけません。その点をきちんと約束してから始めてください。

A
125・126

時間を計り、反復しましょう

Q127　親の言うことを聞き入れてくれないことが多々あります

Q128　今までできていたお行儀が、できなくなっていることが多いです

Q129　人の言うことを一回しか聞きません

毎日のアドバイス

なぜなのかを考えたことがありますか？　反抗期、性格、周りの友だちが……と思うかもしれませんが、保護者の方に何か思い当たることはありませんか？　お子さまに話を聞いてもらうには、ご自分もお子さまの話を真剣に聞く必要があります。

親の言うことを聞き入れてくれないのは、自分をわかってほしい、というシグナル

でしょう。お子さまと向き合って話し合ってください。聞き出すことで対策は立てられます。ご自分も反省できます。お子さまはまだ幼児ですが、一個の人格を持っています。お子さまの人格を無視なさらないように注意してください。

受験前のアドバイス

保護者の方も、お子さまと向き合って努力されてきたことと思います。直前になって、今まで上手くいっていたのになぜ、という疑問もわいてくることと思います。

おそらくお互い受験を意識され、完全を望み、感情的になってしまうため、お子さまが反抗しているのかもしれません。学習も、お手伝いもいろいろ努力してここまで来たのです。ゆったりした気持ちで過ごすことをおすすめいたします。お子さまの反抗は、愛情を欲しているシグナルである可能性も否定できません。注意をしてもダメなら、少しの間甘えさせてみてはいかがでしょうか。

A 127・128・129

わかってほしいのシグナルかもしれません

Q130　身の周りのことをするのに時間がかかってしまいます

毎日のアドバイス

保護者の方は焦っていませんか？　気持ちの持ち方一つで、さまざまなことが変わって見えてきます。

まず、時間がかかるというのは、ほかの誰かと比較をされているからそう感じるのではないでしょうか？　お子さまの成長を他人と比較しても、意味はありません。そのようなことに気を遣わずに、お子さまができるようになったことを見つけ、言葉に出して褒めてください。

お子さまは自信がつけば進んで取り組むようになりますし、数をこなせばコツもわかり、自ずとスピードアップしてきます。身の周りのことをするのに時間がかかる、という状態でも、しないのではなく、できていることに着眼します。どうですか？これだけでもかなり違いますよね。

また、時間がかかることは、ていねいであると言い換えることもできます。また、お子さまの取り組みを長期的に比較してみると、確実に成長していることがわかると思います。

このようにポジティブにお子さまを見守ってあげてください。また、時間がかかるのは、どうすればよいかを考えず、いつものパターンでこなしているからかもしれません。一度どうしたら早くできるのか考えさせながら、落ち着いて取り組ませてみるとよいでしょう。考える習慣を付けていくことはとても大事なことです。

受験前のアドバイス

試験が近付くにつれ、保護者の方の焦りが増してきます。最初に保護者の方の時間的感覚をチェックしてみましょう。用意するものは秒針の付いている時計です。そして、秒針の位置を決め、目を瞑ってください。一分経ったと思ったら目を開けて時計を見てみましょう。多くの方は、一分経たないうちに目を開けてしまうのではないでしょうか。そして「一分間は長い」と実感することでしょう。そこから考えると、保護者の方が「待つ時間」は、自分の感覚よりも長いことがおわかりいただけると思います。

お子様さまのスピードアップを図るには、時間を意識させることが一番です。しかし、基本的な技術がきちんと身に付いていない状態でスピードアップを図っても、ただ雑になるだけです。「早くて雑」という結果はいかがでしょう？　あまりよい印象を与えません。基本技術が身に付いていない場合は、その点に重点を置いて学習してください。基本技術が身に付いている場合は、「今日は何秒でできるかな。よーい、スタート」と言って始めます。

早く行うには、考え、工夫をしなければなりませんから、頭も使います。できれば、終わるまでにどれくらいの時間を要したのか、一覧表にまとめることをおすすめします。もちろん、雑であったら減点（秒の加算）をします。逆に、きちんとできていたら、花丸をあげるなどすればよいでしょう。保護者の方と競争するのも一案です。さまざまな工夫をして取り組んでください。できた時は、声に出して褒めることが大切です。

A130
考え、工夫するよう促しましょう

Q131 大ざっぱな性格なので、試験本番が不安です

毎日のアドバイス

性格を根本から直すことはできませんが、意識することで変えていくことはできます。そもそも、大ざっぱは、言い換えれば「大らか」「こだわらない」ということでもあり、状態によっては、決して悪いことではありません。ただ、大ざっぱな性格のお子さまは、細かいことや、込み入ったことは苦手な傾向があります。短時間で細かいことを続けてやることから始めましょう。

お手伝いで、木綿豆腐をさいの目に切る、ということをさせてはいかがでしょうか？まずお手本を示し、大きさ、切り方を覚えます。豆腐はていねいに扱いますので、絶好の材料です。真剣に取り組んでできたものは、食事の時に食卓に出てきます。学習とはほど遠いようですが、興味を持って真剣に取り組んでくれると思います。ていね

いに仕上げた満足感を味わう経験をさせてみましょう。

いつもと比べ、今の気持ちがどう違うか、比較して認識させてみましょう。細かいこと、複雑なことなど内容を変え、時間を少しずつ長くしながら、ペーパー問題や制作につなげていきましょう。

受験前のアドバイス

受験で大ざっぱな性格の人は、自分で自分の足を引っ張ってしまうことが多々あります。その反面、細かいことにこだわらない、大らかでもあることから、好感を持たれる面もあります。

お子さまは、大ざっぱで困った経験がないため、どの程度まで許されるのかの限度がわからないのでしょう。制作した作品の出来が雑だった時に指摘して「ここをもっと工夫して仕上げるとどうなるかな？」と問いかけ、考えさせてください。

とにかく否定することは厳禁です。やる気を起こさせ、できる限りていねいに仕上げるように挑戦させてみましょう。集中力が続かないこともあると思いますので、保護者の方が側でしっかり見守ってあげてください。

家庭で作った作品は、家に飾ってください。時間が経つにつれ、作品の荒さがわかってくるとともに、お子さま自身の成長度合いが目に見えてわかると思います。

この時期は、保護者の方の工夫が大切になってきます。

A 131

豆腐をさいの目に切るなどの細かい作業をさせてみましょう

Q132　間違ったり、聞いてなかったりすると怒っていたので、勉強を嫌がってしまいました

Q133　問題の答えを間違ってしまうと悔し泣きしてしまいます

毎日のアドバイス

間違えることは誰にでもあることで、間違えるからこそよくわかること、またしっかり覚えられる、ということを教えてください。

「大丈夫よ、今度はできるよ」という声がけは、このような状況のお子さまには、次に間違えたらどうしよう、という思いを生じさせ、状況を悪くさせます。

「間違えてよかったじゃないの、間違えるとその問題について、いろいろなことが

学べて、○をもらうよりももっと賢くなれるんだよ」「いっしょにやってみようか」と切り出すことで、少しはお子さまの気持ちも落ち着いてくるのではないでしょうか。

「どうせやってもまたダメだから」というネガティブな気持ちになってしまうことが心配です。どうして答えがこうだと思ったのか、その考えを聞き出しましょう。

この考えではない、と思っても、決して否定しないでください。「なるほどこう考えたんだ、すごいね」と、考えたことを褒めてください。そしてそのほかにどんなことが考えられるか、思いつくだけ考え、正解の考え方に導いていくようにしていきましょう。

受験前のアドバイス

なぜ間違えたのか、その原因を探ってください。わからないのか、不注意のミスなのかによって、対応を考えなければなりません。もしわからないのであれば、小休止をとった後、基本問題から応用問題へと進んでください。応用問題の、どのあたりでなぜ間違えたのかを知ることができます。

気の強いお子さまの場合は、自分が指導的立場に立つと一所懸命に考えて教えてくれるでしょう。考えが違う時は、それを利用して、正しい方向へ誘導していきます。正解に導いたらもう一度繰り返し説明を求め、お子さまが理解した時は、保護者の方は「ありがとう、そうしたら、もっと自信がつくように、同じような問題を解いてみようね」と持ちかけてみましょう。

不注意が理由であるミスは、問題を解いている時の環境が影響している場合もあります。直前で最も怖いのは、不安定な気持ちになることです。保護者の方の気持ちが、お子さまに大きく影響を与えることを、しっかりと認識してください。感情的な対応で、お子さまを納得させることはできません。

試験前に怒ることは、マイナス以外の何ものでもありません。そう考えると、お子さまだけの対策では改善しないことがおわかりになると思います。怒りやすい保護者の方は、学習する時に手鏡を自分の顔が映るようにセットします。怒りそうになった時、机の上の鏡が力を発揮します。きっと、怒る気持ちを引き戻してくれます。一呼吸おいたところで、声がけをしてみましょう。今までとは違う反応が現れてくるはずです。

A 132・133

間違えることを厭わないよう指導してください

Q134 答えを間違うと一気に意欲をなくします
Q135 できない問題に当たると少し落ち込んでしまいます

満点を取るよりも、基礎基本をしっかりマスターすることが大事です。結果だけを求めないようにしてください。基本問題に戻り、解き方や考え方を学び、基礎力を定着させましょう。どこがわからないのか確認することで、問題の進め方に気を配ることができます。

また、ペーパーテストの一〇〇点もすばらしいですが、お子さまのよいところ（約束を守る、マナーが身に付いているなど）を取り上げ、「なかなか身に付かないことをしっかり身に付けていてすばらしい」「学校の先生があなたを観ればすぐにわかる」など、ペーパー以外でも大事なことがあることを、褒めることで認識させてください。

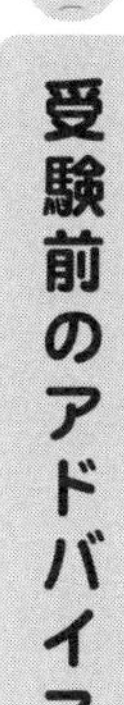

受験前のアドバイス

「できないこと＝悪いこと」と考えているところはありませんか？　まずは、お子さまが抱いているこの考えを拭い去ることがポイントです。

お子さまが間違えた時に「間違えることの何がいけないのかな」と言葉をかけてみてください。この言葉は予想外だと思います。予想外の言葉は、相手の気持をこちら側に向けることができます。その上で、「いけないのは、間違えたことではなく、間違えたものをそのままにしておくことだよ。大切なことは、間違えたことをわかるまでがんばること。そのがんばりは、普通のがんばりより何倍もすごいことなんだよ」と言葉をかけてください。

大切なことは、がんばるきっかけを与えることです。

A134・135 がんばることの大切さを教えましょう

Q136 大勢になると自分を出せなくなり、消極的になってしまいます

Q137 集団で何かしなくてはならない時、なかなかグループに入ることができません

毎日のアドバイス

性格に関する問題は、短時間で強引に修正できるものではありません。保護者の方が、それは「子どもの個性」だと受け止めるところから始めてください。消極的なお子さまは、自信を持つことが苦手な場合が多く、保護者の方がお子さまの個性を認めることで、自信をつけさせてあげることです。日常生活においては、多くの人が集まる場に積極的に出向き、何度も体験を繰り返すようにしてください。壇上で発表する時など、

大勢の前だと上がってしまう時は、前列の数人を見てその人と話すような気持ちで発表する、ということもあります。急には伸びませんが、少しずつ自分に自信が持てるようになってくるはずです。焦らず、じっくりとお子さまと向き合い、伸びたところ、がんばったところ（成功したところではありません）を小さなことでも逃さずに見つけ、きちんとその場で伝えてください。その繰り返しで成長します。

受験前のアドバイス

性格に関する分野、行動に関する分野は付け焼き刃の対策ではうまくいきません。時間をかけた対策が必要なのですが、唯一ある直前の対策としては、お子さまに安心感を与えて送り出すことです。安心感を与えてあげることで、お子さまの気持ちは楽になり、素敵な笑顔を見せてくれるはずです。笑顔なしに、小学校受験の成功はありえません。

A136・137　お子さまに安心感を与えましょう

Q138 内向的性格なので、心配です

Q139 はじめての場所や先生に気後れするタイプなので、どう慣らしていくかが心配です

毎日のアドバイス

すべてのお子さまが活発で、はじめてのお友だちとも、屈託なく話すことができる、というわけではありません。小学校受験で問われるのは、周囲のお子さまとの協調性や、積極的に課題に取り組む姿勢です。保護者の方が、お子さまの特性をしっかりと理解し、その中でお子さまのよいところを褒めることが大切です。

お買いものにいっしょに行った際、荷物を持ってくれたことなど、ささいなことで構いません。よいところを褒められると、お子さまは自分に自信を持つことができます。自信を持つことで、周囲との関わり方も変わってくるでしょう。また、学校が行って

いる模擬授業や、学校を借りて行われる模擬試験などへの参加をおすすめします。

受験前のアドバイス

お子さまの性格というものは周りの環境、大きくは保護者との関係性に影響を受けて形作られます。ですから、試験の直前になって人見知りを克服するというのはなかなか難しいでしょう。

直前の対策としては、受験する学校へ足を運んでみる、というのがおすすめです。校舎の外からでも構いません。実際に学校を「見る」ことで、受験に対するモチベーションを高めてあげましょう。

また、お家の方がお子さまを信じない状況の中で、受験に臨んでも、よい結果が出るでしょうか？　何の心配も要らない、大丈夫、安心して行っておいで、という雰囲気に包まれた時、お子さまは一〇〇％の力を発揮します。

A138・139

お子さまの立場に立ったアドバイスを

Q140 精神的に弱い面があります

毎日のアドバイス

小さなことが気になり、いつも自分が人からどう思われているのか気になっているのではないでしょうか？　また、失敗を恐れる傾向があると思います。

まずは、日常生活を振り返ってみてください。お子さまの小さな失敗など、細かなことまで指摘されていませんか？　失敗を恐れると、内向的になりやすいので、注意していかなければなりません。

そうならないためにも、保護者の方は、ある程度「アバウト」になりましょう。失敗をすることはいろいろなことを学べるよいチャンスであることを気付かせてください。

また、人の目を気にしすぎているようであれば、「あなたはとてもよい子どもで、こんなよいところを持っているんだから堂々としていようね」というようなことを伝え、自分に自信を持たせてあげましょう。

お子さまが気にしていたことが、いかにも小さなことだという雰囲気を作り出しましょう。そのように繰り返すことで、小さな失敗を恐れずに向き合うようになるでしょう。失敗を克服することで、自信もつき、精神的に強くなってきます。

注意点としては、結果を急がないことです。結果を急ぎすぎると、かえって逆効果となり、お子さまを追い込んでしまうことになります。保護者の方は、お子さまが苦手なことをがんばった時、特に、できなくても最後までがんばった時ほど大いに褒めてあげてください。

このケースの場合、大切なことは、結果よりもプロセスにあるとご理解ください。

受験前のアドバイス

お子さまが苦しんでいる時に、頼れて安心できる心のよりどころになってあげることができていますか？　そのことを忘れていませんか？　保護者の方は、我が子を大いに自慢してください。胸を張って、私の子どもはすばらしい、と言ってください。

大切なことは、試験の結果ではなく、お子さまがこれからの人生をどのように送るかということです。

小学校の受験に失敗したからといって、人生が決まるわけではありません。その気になれば、編入試験もありますし、中学から私学に進むという選択もあります。結果に目を向けるのではなく、今までのお子さまの努力、成長に目を向けてください。

一年間、もしくはそれ以上の期間、小学校受験を見据えた生活を送ってきたのです。とても成長されているはずです。精神的にかなり強くなったのではありませんか。

保護者の方は、高望みをしたり、常に先を見てしまったりして、現時点まで辿り着いた道のりを忘れがちになります。今のお子さまをご覧になってください。成長されたでしょう？　どうですか？

A 140

結果ではなく お子さまの成長に目を向けてください

Q141　子ども自身とてもプレッシャーに弱い面があり、受験を平常心でチャレンジできるか心配です

毎日のアドバイス

プレッシャーに弱い、というご相談ですが、塾に通っていらっしゃるなら、否が応でも受験することを意識し、自然とプレッシャーも感じるようになるでしょう。塾に行っていなければ、意識せずに自分のペースで学んでいくことができます。

時には模擬試験などを受けてみるとよいでしょう。はじめて会うお子さまたちの中で試験を受けることで、どの程度の緊張感がどんなところで出て、差し障りが出るのか、その時にプレッシャーに対する弱さの度合いがわかると思います。

模試受験の回数を増やすことによって、プレッシャーもいくらかずつ緩和されてくるのではないでしょうか。学校説明会で、模擬授業や、みんなで遊ぶなど、さまざま

な試みを行う学校があります。受験校かどうかに関わらず、参加をおすすめします。受験時にはお子さまの緊張も緩和され、学校という場所に慣れてくるでしょう。

また、ふだんの生活で、お出かけされた時など、お子さまに「○○への行き方をたずねさせる」「買いものをさせる」など、今までしたことのないことをさせることで、勇気と自信をつけていくような試みをさせましょう。できた時は「すごいね。よくできたね」とたくさん褒めてください。

このように何かをしてみることで、自信がつくはずです。保護者の方の言葉がけや賞賛なども大いに影響を与えていきます。実際には、平常心でということは難しいと思いますが、保護者の方は、できるだけ神経質にならずにどっしり構えていましょう。

受験前のアドバイス

直前になりますと、保護者の方の焦りや、苛立ちなどが出るあまりに、プレッシャーを感じていないお子さまにまでプレッシャーを与えてしまう場合があります。「こう言われたらこう答えなさい」「言ったでしょう、それではダメだって、何回言ったらわかってくれるのよ」「先生に何と思われるかしら」などの言葉が、意識せずに口に出てしまっていることがありませんか？

意識して「先生が○○ちゃんと楽しい話し合いをしてくれるんだよ」「どれだけがんばったのか観ていただこうね。わからなかったら、わかるところだけやっておいで」「お友だちと体操をしたり、何かを作ったりできるんだよ。楽しんできてね」のような言葉がけをしていくようにしましょう。

受験時の雰囲気にはどうしても緊張してしまいますが、保護者の方が、その雰囲気に飲み込まれないことです。お子さまは、保護者の方の言葉や態度を素早く感じとります。平常心を保つようにして、日常と変わりない日々を送ってください。

A141

受験校に足を運ぶなどして緊張感をほぐしてあげましょう

あとがき

最後までお読みいただき、ありがとうございました。

本書は、学習面についてのお悩みにお答えした『ズバリ解決！ お助けハンドブック 学習編』に続き、生活面についてのお悩みにお答えしています。小学校受験は、生活の中で何を学んだか、ということが問われますので、学習と生活とは、車の両輪として、相補的な性格を持っています。

幼稚園や保育園のほか、塾や幼児教室に通っていたとしても、お子さまを全人的に観察し、サポートできるのは、保護者の方だけです。本書では特に、お子さまのメンタル面についてのお悩みを多く取り上げました。そして、その多くが、保護者の方の精神状態の反映であることを、指摘しました。

保護者の方が、完璧でなくても構いません。お子さまも、一つの人格を持った主体ですから、保護者の方の人格を、そっくりコピーすることもできません。どうか、お子さまといっしょに悩み、そして喜びをともにしてください。

小学校受験は、お子さまの人生において、通過点です。結果だけを求めるのではなく、信頼関係を育んでください。そうすれば、保護者とともに学習した経験が、お子さまにとって、生涯学び続ける礎になることでしょう。

ともに歩んだ保護者の方への信頼は、さまざまな方と出会い、関係性を築いていくにあたって、お子さまを大きく後押ししてくれる力になることでしょう。

本書が、小学校受験を超えて、子育てと教育との一助となることが、著者として、そして幼児教育に携わるものとして、最高の喜びです。

後藤 耕一朗（ごとう・こういちろう）

1970 年生まれ　千葉県松戸市出身。
児童書の出版社を経て、1996 年日本学習図書株式会社に入社。2012 年から代表取締役社長。出版事業の経営の他にも、関西私立小学校展の企画や運営、東京私立小学校展の開催協力、関西最大の模擬テスト「小学校受験標準テスト」の企画と解説を担当。全国各地での講演活動のほか、私立小学校設立の協力、国立・私立小学校の入学試験への協力と指導、教員への研修、学校運営への協力などのコンサルタント活動も行っている。本書は『子どもの「できない」は親のせい？』『ズバリ解決！　お助けハンドブック 学習編』に続くシリーズ３冊目となる。

保護者のてびき③
ズバリ解決！ お助けハンドブック
——生活編——

2020 年 5 月 21 日　初版第 1 刷発行
著　者　後藤 耕一朗
発行者　後藤 耕一朗
発行所　日本学習図書株式会社

印刷所　株式会社厚徳社
ISBN978-4-7761-1060-6